SV

Hans Mayer

Erinnerungen an Willy Brandt

Suhrkamp Verlag

Druck: MZ-Verlagsdruckerei GmbH, Memmingen
Printed in Germany
Erste Auflage 2001

1 2 3 4 5 6 – 06 05 04 03 02 01

Erinnerungen an Willy Brandt

Inhalt

I. Heimkehr in die Freiheit

Er gehörte zu den wichtigen Bewegern des 20. Jahrhunderts. Als ein Deutscher noch dazu, dessen Deutschtum dann immer wieder – unsinnigerweise – von Neidern und politischen Gegnern in Frage gestellt wurde. Er habe ja nicht ausgeharrt als Deutscher unter den anderen Deutschen, als Deutschland selbst ins große Unglück geriet, nachdem es so viel Unheil angerichtet hatte. Welch eine Argumentation.

Festzustehen scheint, daß diese geschichtliche Gestalt aus Lübeck, die so viel Undank ernten sollte, im – wie stets – unklaren Bewußtsein der deutschen Zeitgenossen und damit ihrer Nachkommen der Klärung bedarf. Willy Brandt war eine der großen Persönlichkeiten des deutschen öffentlichen Lebens, denen der altrömische Grundsatz zuerkannt werden darf: De patria bene meritus est. Er hat sich um das Vaterland wohlverdient gemacht.

Eben dadurch aber, mit Blick auf die Umstände seines Rücktritts als Bundeskanzler 1974, kann man ihn vielleicht auch mit jenen bedeutenden Zeitgenossen vergleichen, die ihre Verdienste um menschliches Wohl mit dem Leben zu bezahlen hatten. Ein gewaltsames Ende durch Mörderhand oder durch politisch inszenierte Unfälle. Der Mahatma Gandhi und der ägyptische Präsident Sadat. Der Generalsekretär der Vereinten Nationen Dag Hammarskjöld, John F. Kennedy und Willy Brandts schwedischer Freund

und politischer Partner Olof Palme. Keiner dieser Mordfälle darf als aufgeklärt oder gar gesühnt bezeichnet werden. In all diesen Fällen bestätigt sich die tiefe Wahrheit des Satzes von Friedrich Dürrenmatt, den er 1956 in seiner Schrift *Theaterprobleme* dahingehend formulierte, daß unser 20. Jahrhundert kein Gefühl für tragische Ereignisse aufzubringen vermöge. Aus Mangel an Schuld und einzelmenschlicher Verantwortung. Uns komme, so Dürrenmatt, nur noch die Komödie bei. Keiner nämlich von so vielen Tätern, deren Namen feststehen, habe ein Unrechtsbewußtsein entwickeln können. Man habe es nicht gewußt und nicht gewollt. Immer wieder der Fall Pinochet. Untaten, die nicht ernst genommen werden. Komödien mit vielen Leichen.

Es muß mit dem Unernst des allgemeinen öffentlichen Lebens, globalisiert natürlich, zusammenhängen, wenn sämtliche mediale Berichterstattung über aktuelle Ereignisse ebenfalls einigermaßen unernst wirkt. Was Karl Kraus in den frühen zwanziger Jahren in einem *Lied von der Presse* formuliert hatte, worüber man damals lachte, ist Medienwirklichkeit geworden.

> Im Anfang war die Presse,
> Und dann erschien die Welt ...

Das öffentlich mitgeteilte Geschehen ist zunächst einmal bloße Information. Hat es dazu überhaupt irgendeine Wirklichkeit gegeben? Im Zeitalter der Nahostkriege, der »ethnischen Säuberungen«, der offenen oder versteckten Gesinnungskriege darf das bezweifelt werden. Auch für diese groteske Feststellung gibt es ein literarisches Zeugnis aus dem 20. Jahrhundert. Formuliert – übrigens ausdrücklich als Warnung – noch vor Ausbruch eines Zweiten Weltkrieges. Der Titel eines Theaterstücks. *Der Trojanische Krieg findet nicht statt* von Jean Giraudoux. Er fand aber statt und endete mit der völligen Zerstörung Trojas und zahllosen Toten.

Vielleicht ist es gerade der tiefe Unernst des heutigen öffentlichen Lebens, der immer wieder zurückdenken läßt an das Schicksal bedeutender Zeitgenossen dieses 20. Jahrhunderts. Das geradezu erbitternde Mißverhältnis zwischen großer sittlicher Leistung im Sinne mitmenschlicher Verantwortung und schäbigem Undank durch die sogenannte Allgemeinheit. Da war das aufwendig geplante Zweite Vatikanische Konzil des Papstes Roncalli, also Johannes XXIII. Was ist daraus geworden? Der Versuch des bolschewistischen Generalsekretärs N. S. Chruschtschow nach so viel politischer Lüge und Geheimdienstuntat, den russischen Zeitgenossen auf einem XX. Parteitag der Bolschewiki vielleicht die Wahrheit zu verkünden über Stalin und den wirklichen Stalinismus.

Undank ebenso im Falle des Michail Gorbatschow und, mit durchaus vergleichbaren Aspekten, im Falle von Willy Brandt. Es wird in der Folge unserer Betrachtungen ersichtlich werden, daß die Ausgrenzungen durch neue Konstellationen der realen Macht in ganz analoger Weise vollzogen wurden.

Die deutsche Konstellation zwischen Willy Brandt und Herbert Wehner zeigt verblüffende Ähnlichkeiten auf mit der Konstellation Michail Gorbatschow und Boris Jelzin.

Wenn hier ein Zweiundneunzigjähriger über die Bedeutung Willy Brandts in seinem eigenen Leben berichten soll, hat diese Berichterstattung nichts mit üblicher Erinnerungsarbeit zu tun. Es hat nicht viele Begegnungen zwischen Brandt und mir gegeben. Unser erstes Zusammentreffen fand im Jahre 1964 statt, in der Berliner Wohnung von Günter Grass. Doch hatte es lange vorher zwischen unseren beiden Lebensläufen, dem von Willy Brandt und dem meinigen, wie ich heute weiß, immer wieder sehr enge und bemerkenswerte Korrelationen gegeben. Eben darum das sonst schwer erklärbare innere Verlangen eines alten Mannes, das heutige Wissen um Leben und Lebensleistung des einstigen deutschen Bundeskanzlers Willy Brandt genauer zu ergründen. Es wird sich dabei, wie ich meine, herausstellen, daß die geschichtliche Laufbahn und Leistung Willy Brandts weit genauer als bisher gedeutet werden müssen. Brandt erfuhr viel Dankbarkeit und Zuneigung in seinem Leben. An Undank ihm gegenüber, oft sehr boshaftem, hat es ebenfalls nicht gefehlt. Man sollte sich an diesem Gespräch beteiligen. Ich habe Willy Brandt, wie zu zeigen sein wird, viel zu verdanken. Allein, man muß auch anmerken, daß meine eigene Existenz von ihm immer wieder mit Aufmerksamkeit und Sympathie registriert wurde.

Wenn Willy Brandt in seinen spät geschriebenen *Erinnerungen* über die Rückkehr des Emigranten aus Norwegen nach Deutschland berichtet, so wählt er die Überschrift »Heimkehr in die Freiheit«. Meine eigenen Erinnerungen mit dem Titel *Ein Deutscher auf Widerruf* erschienen bereits 1982. Für den Bericht meiner Rückkehr nach Deutschland im Oktober 1945 sprach ich von einer »Heimkehr in die Fremde«. Die Ähnlichkeit der beiden Titel mag zufällig sein. Vielleicht aber doch nicht so ganz, wie zu zeigen sein wird. Willy Brandt, das ist für mich evident, war ein genauer Leser meiner Arbeiten. In einem letzten Brief an mich mit der Anrede »Lieber Hans Mayer« bedankt er sich für meine Rezension seines Erinnerungsbuches in der Zeitschrift *Die neue Gesellschaft.*

II. Zwei Lebensläufe

Willy Brandt war Jahrgang 1913. Ich selbst, Jahrgang 1907, war also etwas älter, als wir beide, ohne irgendeine Kenntnis voneinander, nach den verhängnisvollen Reichstagswahlen im September 1930 mit dem Riesenerfolg der Braunen, als junge deutsche Politiker aufbegehrten gegen den Quietismus der offiziellen deutschen Sozialdemokratie. Die sich unerschüttert gab von den geheimen Sympathien der bürgerlichen Reichstagsparteien für die neuen Braunen. Wir verlangten damals innerhalb der Sozialdemokratie eine gründliche Überprüfung der politischen Strategien und Zielsetzungen. Ein junger deutscher Jurist aus Köln, der soeben promoviert hatte mit einer Dissertation über *Die Krisis der deutschen Staatslehre*, und ein Gymnasiast, wie man heute weiß, in Lübeck, der damals das berühmte Katharineum besuchte und innerhalb der Jungsozialisten durch klare politische Forderungen zur Revision sozialistischer Politik, also nicht bloßer Sozialdemokratie, auf sich aufmerksam machte. Diese politischen Tagesforderungen führten bereits 1931, wie bekannt, zur Abspaltung der linken Sozialdemokraten von der Gesamtpartei. Angeführt durch zwei sozialdemokratische Reichstagsabgeordnete, den deutsch-jüdischen Rechtsanwalt Kurt Rosenfeld und den sächsischen Arbeiterabgeordneten Max Seydewitz. Sie begründeten eine Sozialistische Arbeiterpartei Deutschlands (SAPD). Wir beide, der Lübecker und der Kölner, haben uns damals unter denen befunden, die mitmachten bei jener neuen Partei. Die SAPD, um dies aus der historischen Erinnerung zu rekonstruieren, war eine durchaus ernst zu nehmende politische Partei, die vor allem unter den jungen Sozialisten starken Zulauf fand. Sie ist weit mehr gewesen als eine belanglose Sekte oder gar eine Fraktion. Wichtige Gruppen der Sozialistischen Arbeiterjugend (SAJ) verließen die Mehrheitspartei, um sich der Sozialistischen Arbeiterpartei anzuschließen. Der Name der Sozialistischen Arbeiterjugend wurde ersetzt durch die neue Bezeichnung eines Sozialistischen Jugendverbandes (SJV).

Der Gymnasiast Willy Brandt in Lübeck bekannte sich zum SJV. Ich selbst wurde Vorsitzender der Sozialistischen Arbeiterpartei Deutschlands in meiner Vaterstadt Köln, Bezirk Mittelrhein. Nun war ich also beides zur gleichen Zeit, preußischer Gerichtsreferendar und sozialistischer Parteipolitiker.

Man muß die Situation junger deutscher Sozialisten zwischen 1930 und 1933 in ihrem ganzen Ernst und in der Schlüssigkeit damaliger Lebensentscheidungen beurteilen, will man sie richtig verstehen: vom Jahrhundertende her. Damals trennte sich fast die gesamte Sozialistische Arbeiterjugend von der Mutterpartei SPD, um sich einer offensichtlich linken Abspaltungsorganisation anzuschließen.

Sie war nicht die erste ihrer Art in der sozialdemokratischen Parteigeschichte. Es muß an die erste Abspaltung der sogenannten Spartakusgruppe um Karl Liebknecht und Rosa Luxemburg noch während des

Weltkrieges erinnert werden. Anschließend war, ebenfalls noch vor Kriegsende, in der SPD eine Trennung der Unabhängigen Sozialdemokratischen Partei Deutschlands (USPD) vom nach wie vor kriegsbejahenden Parteiapparat erfolgt. Die Zurückgebliebenen nannten sich »Mehrheitssozialisten«, allein, die Mehrheit bestand im wesentlichen im Apparat der Funktionäre und Abgeordneten.

Man soll es bitte nicht vergessen: Der am Revolutionstag des 9. November 1918 ausgerufene »Rat der Volksbeauftragten« bestand je zur Hälfte aus drei konservativen Mehrheits-Sozialisten (Ebert, Noske, Scheidemann) und drei linken Unabhängigen, den Rechtsanwälten Landsberg und Dittmann sowie dem Arbeiter Emil Barth. Sie bildeten die erste Regierung einer deutschen Republik.

Neue Abspaltung innerhalb der zahlenmäßig überlegenen USPD nach 1920 im revolutionären Ablauf. Auf einem Parteitag zu Halle sprach der aus Moskau angereiste Bolschewist Grigori Sinowjew. Nach seiner Rede schloß sich ein großer Teil von linken Abgeordneten innerhalb der USPD jener KPD an, die zu Silvester 1918 aus dem einstigen Spartakusbund entstanden war. Nicht ohne Ironie sei angemerkt, daß zu diesen linkssozialistischen Überläufern zur Kommunistischen Partei auch die jungen Unabhängigen Ernst Thälmann aus Hamburg und Walter Ulbricht aus Leipzig gehörten. Beide waren niemals Spartakisten gewesen. In ihrer Politik haben sie folgerichtig später den Namen Rosa Luxemburg zu dem einer bloßen Märtyrerin degradiert.

Später vereinigten sich die »zurückgebliebenen« Unabhängigen wieder mit der sozialdemokratischen Mutterpartei. Auch ein Dissident und aus der ultralinken KPD ausgeschlossener Kommunist kehrte zurück zur Sozialdemokratie. Er stammte aus Ostfriesland und wurde als Reichstagsabgeordneter mit dem Namen Reuter-Friesland geführt. Es war Ernst Reuter, der spätere Freund und Wegbereiter Willy Brandts.

In jener Spätzeit der Weimarer Republik ab 1931 vollzogen sich abermals neue Spaltungen in Form von Austritten oder Ausschlüssen: im längst von Stalin dominierten Bereich kommunistischer Parteien wie im Bereich der neuen linkssozialistischen Organisationen. Seit dem Sechsten Weltkongreß der Kommunistischen Internationale im Jahre 1928 waren die einstigen Mitarbeiter Rosa Luxemburgs, also die Kader des Spartakusbundes, aus der KPD ausgeschlossen worden. Sie hatten eine kleine Gegenorganisation gegründet als Kommunistische Partei Deutschlands (Opposition) (KPD-O). Bedeutende sozialistische Denker und Politiker gehörten ihr an. Für meine eigene Entwicklung besonders wichtig wurde die Bekanntschaft mit dem ehemaligen kommunistischen Politbüro-Mitglied, dem Literarhistoriker August Thalheimer. Er hat später das Werk seines Lehrers und Freundes Franz Mehring herausgegeben.

Solche Namen sollten nicht vergessen werden. Sie haben es nicht verdient. August Thalheimer nicht und ebensowenig sein Freund Heinrich Brandler, auch nicht ein ausgezeichneter sozialistischer Arbeiterfunktionär wie Jakob Walcher. Er trennte sich dann von der KPD-O zusammen mit seinen Freunden Paul Fröhlich und Rosi Wolfstein, um sich gleichsam »nach rechts« abzusetzen: zur SAP um Rosenfeld und Seydewitz. Walcher emigrierte später in die USA und wurde zum dankbar angehörten politischen Ratgeber Bertolt Brechts. In Brechts Testament ist sein Name festgehalten.

Auch an einer anderen Stelle, die heute nachgelesen werden kann, finden sich diese Namen. Bei der Lektüre der *Erinnerungen* von Willy Brandt mußte ich oft lachen, als Rosi Wolfstein und Paul Fröhlich, Teil meiner Erinnerungen an die Jugendzeit, plötzlich wieder auftauchten. Sie waren bis zum Verbot der SAP mit dem jungen Herbert Frahm aus Lübeck, also mit Willy Brandt, in Verbindung geblieben. Brandt schildert ergötzlich, wie die politische Ahnungslosigkeit und Wirklichkeitsferne der Rosi Wolfstein eine von Brandt organisierte illegale Emigration aus Deutschland vereitelte. Dies alles ist Realität geblieben bis zum Jahrhundertende.

Die Jungsozialisten aus Rheinland-Westfalen waren 1931 unter Leitung von Heinz Hoose zur SAP übergetreten. Jahrzehnte später begrüßte ich Heinz Hoose, als mir 1980 der Literaturpreis meiner Vaterstadt Köln verliehen wurde. Nun sozialdemokratischer Oberstadtdirektor einer Großstadt, war er gekommen, um zu gratulieren.

Die führenden Berliner Jungsozialisten, die sich 1931 zur SAP bekannten, hießen Hans Seigewasser und

Edith Baumann. Beide sah ich wieder im Jahre 1947 bei meinem ersten Besuch in Berlin. Seigewasser gehörte zur späteren Regierung der DDR. Er war zuletzt Staatssekretär für Kirchenfragen. Edith Baumann leitete 1947 das Sekretariat von Wilhelm Pieck, einem der beiden Vorsitzenden der Sozialistischen Einheitspartei (SED). Sie war damals verheiratet mit Erich Honecker.

III. Dissident und Sozialist

Er ist es sein Leben lang gewesen, ein Dissident, was immer einen Abweichler bedeutet, und ein Sozialist, nicht Kommunist. Es ist nach wie vor ein peinlicher Fleck auf dem historischen Erscheinungsbild Konrad Adenauers, daß er zu läppischen Wahlkampfzwecken politische Reden hielt mit der beiläufigen Bemerkung: »Der Herr Herbert Frahm aus Lübeck, ich meine, der Herr Willy Brandt ...« Was heißen sollte, als Appell an muffige Vorurteile: also ein Unehelicher. Es ist erfreulich, daß man damit heute keine Wahlen mehr gewinnen kann. Vielleicht wird ein kleiner Hinweis aus der deutschen und österreichischen Literaturgeschichte nützlich sein. Uneheliche Kinder waren, wenn man an deutsche Schriftsteller denkt, zum Beispiel Erich Kästner und Wolfgang Koeppen, Hubert Fichte, Thomas Bernhardt und Peter Handke.

Willy Brandt wuchs bei seiner Mutter auf und erhielt eine vorzügliche bürgerliche Erziehung. Sein rascher Aufstieg als hochbegabter Schüler, Student, junger sozialistischer Politiker war unaufhaltsam. Dennoch glaube ich zu wissen, daß Adenauers unverzeihliche Ausnutzung gängiger Vorurteile einen Stachel hinterließ. Vielleicht sind gewisse Bindungen und Lösungen in Willy Brandts späterer Lebensführung, ohne daß hier eine Psychoanalyse bemüht werden muß, aus dieser – im weitesten Sinne – tiefen Dissidentenhaltung zu erklären. Da gab es niemals die

Geborgenheit einer Familie, mit Stolz einbekannte Erinnerungen und Überlieferungen. Uneheliche Geburt hat stets mit Einsamkeit und Einzelgängertum zu schaffen. Herbert Wehner, ein ebenso wie Konrad Adenauer nicht besonders taktvoller Politiker, machte sich das später zunutze.

Willy Brandt war ein immer wieder offenkundiger und ebenso auch insgeheimer Dissident, wie er, gleichzeitig, in beispielloser Weise ein politischer Mensch werden konnte, der es verstand, andere Menschen anzuziehen, von seinen Ansichten zu überzeugen, gesellschaftliche Gemeinsamkeiten herzustellen. Ein Dissident als wirklicher Sozialist in jenem hohen Sinne der Traditionen der deutschen Aufklärung und Arbeiterbewegung aus dem 19. und frühen 20. Jahrhundert.
Eine gewisse Tragik, die dem Lebenslauf Willy Brandts anhaftet, wurde dadurch motiviert, daß Brandts persönliche und politische Gegenspieler stets die Momente des Abseitigen, Dissidentenhaften, höchst Individuellen als Gegenargumente einzusetzen liebten. Adenauers Geschmacklosigkeiten sind letztlich erfolglos geblieben. Der Vorwurf politischer Gegner hingegen, Brandt sei doch »bloß ein Emigrant« gewesen, obwohl er als Nichtjude keinen Grund gehabt hätte, ins Exil zu gehen, konnte immer wieder politisch mißbraucht werden. »Da hat einer sein Vaterland in der Stunde der Not und Gefahr einfach im Stich gelassen!« – »Was haben wir alles leiden müssen, während er in seinem Norwegen

ein gutes und gefahrloses Leben führen konnte.« Im von den Nazis besetzten Norwegen. Als Antifaschist. Als Norweger und als Sozialist.

Absurdität dies alles. An der Wende zum 21. Jahrhundert und im Zeichen von Neonazis und Skinheads droht solche Absurdität fast schon zur möglichen Anschauung zu werden. Die einsame Größe Willy Brandts auch innerhalb des sozialistischen Kontexts von heute scheint damit zusammenzuhängen. In seinem Verhalten, in seinem Auftreten und Handeln war Brandt stets »irgendwie anders«. Nicht zufällig stand er an der Seite von Ernst Reuter, nicht von Kurt Schumacher. Wem sonst als ihm wäre der Kniefall im Warschauer Ghetto zuzutrauen gewesen. Innerhalb der Sozialistischen Internationale hielt er sich vor allem an Bruno Kreisky zu Wien, einen jüdischen Emigranten, und an Olof Palme zu Stockholm.

Willy Brandt war nicht nur ein ausgezeichneter Journalist, der auch im persönlichen Gespräch vorzüglich argumentieren konnte, er war auch, im Gegensatz zu vielen Memoirenschreibern, ein richtiger Schriftsteller. Wenn er das entscheidende Kapitel seiner Memoiren mit der Überschrift versah »Heimkehr in die Freiheit«, so bedeutet diese Formel nicht bloß die Mitteilung einer Tatsache, sondern einen Entschluß. Den tiefen Wunsch nach einem Ende des Dissententums. Als Begründung einer wirklichen neuen Gemeinschaft mit den anderen. Man wird fragen müssen, ob dieser Wunsch in Erfüllung gehen konnte.

IV. Die Suche nach dem Vater

Abermals sollte, in einer durchaus anderen Konstellation, der Satz Konrad Adenauers vom Herrn Herbert Frahm aus Lübeck überdacht werden. Konrad Adenauer war seit Ende eines Ersten Weltkrieges und bis zum Anbruch der Nazidiktatur der unangefochtene Oberbürgermeister der Stadt Köln. Er ordnete dort an, was zu geschehen habe, und es geschah. Dabei hatte es, wenn irgend möglich, sehr gut katholisch zuzugehen. Das verstand sich.

Vertrauten Umgang pflegte der Oberbürgermeister mit dem Kapellmeister des berühmten Gürzenich-Orchesters. Er hieß bereits während des damaligen Weltkrieges Hermann Abendroth. Abendroth war genauso eine Kölner Institution wie Konrad Adenauer. Beide waren nicht wegzudenken. Adenauer hatte, während die preußische Rheinprovinz und der preußische Staat sich dies nicht leisten konnten, mit den Mitteln einer reichen ehemaligen Reichsstadt und Hansestadt gleich nach Kriegsende eine Universität in Köln errichten lassen. Ohne den üblichen Namen irgendeines Monarchen, doch mit der besonderen Bezeichnung einer »Universität zu Köln«. Das klang stolz. Die Universität bedankte sich dafür mit einem Ehrendoktorat für den bis dahin nicht promovierten Oberbürgermeister. Hermann Abendroth nun, der Gürzenich-Kapellmeister und Generalmusikdirektor, ein noch junger und vorzüglicher Musiker aus dem nördlichen Rheinland, war der

Nachfolger der legendären Gürzenich-Dirigenten aus dem 19. Jahrhundert: Ferdinand Hiller, ein Freund Mendelssohns; Franz Wüllner, Vater des legendären Sängers und Schauspielers Ludwig Wüllner, den ich noch bewundern durfte; und schließlich Fritz Steinbach, ein Freund und Schützling von Johannes Brahms, der kurz vor Kriegsbeginn starb.

Wie seine Vorgänger im Amt leitete Hermann Abendroth auch die Rheinische Musikschule, die in den zwanziger Jahren, ganz im Sinne Adenauers, als Musikhochschule ausgebaut wurde, zusammen mit seinem Komponistenfreund Professor Walter Braunfeld aus München. Es macht traurig, von heute aus daran zurückzudenken. Ein Genie als Konzertmeister der Cellisten und Leiter der Cello-Klasse: Emanuel Feuermann. Eduard Erdmann als Klavierprofessor. Konzertmeister der Violinisten war der holländische Jude Bram Eldering, auch er ein früher Schützling noch von Johannes Brahms. Nachdem alles von innen her zerstört worden war, irrte Bram Eldering mit seinem gelben Stern durch die Bombennacht, in der er umkam.

Als jene innere Zerstörung auf ihrem Höhepunkt war, wurde der Oberbürgermeister Adenauer abgesetzt. Er floh in die Eifel ins Kloster Maria Laach. Dann zog er sich, als keine unmittelbare Gefahr mehr drohte, in sein Haus auf dem rechten Rheinufer zurück. Das Weitere ist bekannt.

Das Gürzenich-Orchester wurde entjudet. Walter Braunfeld verließ die Musikhochschule. Der Gürzenich-Kapellmeister Hermann Abendroth war »rassisch unbedenklich« und blieb im Amt.

Nicht lange, denn er wurde ebenfalls, wenn auch auf andere Weise, in den Sumpf der Säuberungen gezogen. In Leipzig hatte der Gewandhaus-Kapellmeister Bruno Walter natürlich abtreten und fliehen müssen. Das verzweifelte Leipziger Orchester lehnte alle braunen Angebote von Nachfolgekandidaten ab. Sie erbaten sich den Kölner Gürzenich-Kapellmeister. So kam Hermann Abendroth nach Leipzig. Er hat auch während des Krieges, erst spät übrigens, in Bayreuth dirigiert. Ein anständiger Mensch, bedeutender Musiker von konservativer Prägung. Orientiert an den »Vier großen B«: von Bach bis Bruckner. Abendroth war aufgewachsen im Umgang mit den wichtigen jüdischen Musikern des Jahrhunderts, auch wenn er selbst den Gustav Mahler nicht dirigieren mochte.

Warum dies alles hier erzählt wird? Weil es genau zur Sache gehört. Die Suche nach dem Vater. Was nämlich von Konrad Adenauer als Schädigung Willy Brandts geplant worden war, erwies sich, in lustigironischer Zuspitzung, als schwerer Rückschlag. Von Köln ausgehend, kehrte es nach Köln zurück. Zum vertrauten Umgang zwischen dem Oberbürgermeister Konrad Adenauer und seinem Gürzenich-Kapellmeister Hermann Abendroth in den zwanziger Jahren. Hermann Abendroth und Willy Brandt.

Eine jener unvermeidbaren Folgen nämlich der Adenauerschen Polemik war die Tatsache, daß nun die

Medien den Fall aufgriffen. Durchaus nicht mit dem Ziel erneuter gegen Brandt gerichteter Angriffe, sondern aus publizistischer Neugier. Wer war eigentlich jene Frau Frahm aus Lübeck? Was wußte man vom wirklichen Vater des Politikers? Willy Brandt selbst hat stets alle Antworten auf diese Fragen mit vollem Recht abgelehnt. Er machte Andeutungen über irgendeinen wohlhabenden Geschäftsmann und Hanseaten vermutlich aus Hamburg.

Er wußte es anders. Seine Mutter muß eine ungewöhnliche Persönlichkeit gewesen sein in jener muffigen Bürgerwelt des späten 19. Jahrhunderts. Also der Welt der Wespentaillen und gestärkten Hemdbrüste. Der gestärkten und abnehmbaren Manschetten, Scheitel links, »ein deutscher Junge weint nicht«. Frau Frahm scheint den Mut zum eigenen Leben gehabt zu haben. Sie hatte Freunde und Geliebte.

Denen aber, den Freunden und Geliebten der Frau Frahm, also den möglichen Vätern Willy Brandts, widmete der *Spiegel* 1984 (Nr. 52) einen ausführlichen Beitrag. Drei Fotografien möglicher Vateranwärter. Als ich den Artikel las und die Bilder sah, wußte ich plötzlich Bescheid. Die alberne Frage nach dem Vater von Willy Brandt hatte mich niemals beschäftigt. Ebensowenig wie die Frage nach dem offenbar jüdischen Vater von Hubert Fichte. Nun aber sah ich das wohlvertraute Gesicht Hermann Abendroths im *Spiegel* wieder: in dieser Konstellation. Hermann Abendroth war einer der prägenden Musiker meiner Schüler- und Studentenzeit. Ich kannte ihn von jeher, hatte niemals Bedenken nach dem Zweiten Weltkrieg in Weimar, wo er Operndirektor und Leiter der Musikhochschule geworden war, die Verbindung wieder herzustellen. So viele gute Erinnerungen. Wir haben auch 1950 Abendroths 70. Geburtstag gemeinsam in Weimar gefeiert. Er dirigierte eine *Fledermaus*: ganz wie oftmals in Köln.

Nun führte ich zwei vertraute Gesichter plötzlich, weil der *Spiegel* es möglich gemacht hatte, wieder zusammen. Hermann Abendroth und Willy Brandt. Zwei wohlbekannte Gesichter. Die Ähnlichkeit war unverkennbar.

Später in Weimar unterhielt ich mich mit dem Dirigenten und Musikwissenschaftler Peter Gülke über den Fall. Er war in Weimar Abendroths Assistent und sein Schüler gewesen. Nach Abendroths Tod sein Nachfolger. Als ich den Namen Willy Brandt erwähnte, war ihm alles wohlbekannt. Er bestätigte meine Vermutungen. Ich glaube mich noch zu erinnern, daß Gülke erzählte, Willy Brandt habe seine Anwesenheit in Erfurt für einen kurzen Abstecher nach Weimar genutzt.

V. Bei Günter Grass

Ihm selbst, dem Berliner Regierenden Bürgermeister Willy Brandt, begegnete ich erst, als ich nach verweigerter Rückkehr nach Leipzig von einem Westbesuch am 1. September 1963 zur Unperson, zum Republikflüchtling, also zum Abschaum geworden war. Da mußte einiges geschluckt werden. Vor kurzem übersandten mir einstige Schüler den Wortlaut einer Erklärung meiner Leipziger Assistenten und Mitarbeiter vom September jenes Jahres. Entrüstung und Verachtung. Was sonst hätten sie erklären dürfen?
Natürlich hatte ich in den fünfziger Jahren und vor 1963 den Bürgermeister Brandt mehrfach in Westberlin gesehen, bei Premieren, Kunstausstellungen, ungewöhnlichen Vortragsveranstaltungen, die ich mir nicht entgehen lassen wollte. Man fuhr hin mit der Untergrundbahn. Formelle Kontrolle lediglich am Bahnhof Friedrichstraße, also bei der Ausfahrtstelle einer Deutschen Demokratischen Republik.
Daß Willy Brandt in seiner Jugendzeit, während unserer gemeinsamen Mitgliedschaft bei der Sozialistischen Arbeiterpartei Deutschlands, eine ganz ähnliche Entwicklung erlebt hatte wie unsereiner, war mir wohlbekannt. Immer wieder tauchten Bekannte aus der damaligen Zeit auf, die daran erinnerten. An eine persönliche Begegnung mit dem Regierenden Bürgermeister jedoch war nicht zu denken, solange ich noch in Leipzig amtierte und dort als »NPT«, als Nationalpreisträger, einiges Ansehen genoß. Viel

Mißtrauen übrigens auch bei manchen Kadern der SED. Hätte damals die Spitze jener Zentrale plötzlich Mitteilung gemacht von einer ausgekundschafteten Begegnung zwischen Willy Brandt und Hans Mayer in Westberlin, die Staatssicherheit wäre entzückt gewesen.

Dabei wäre es mir auch in den späten fünfziger Jahren leichtgefallen, mit Brandt zusammenzutreffen. Wir hatten viele gemeinsame Freunde und Bekanntschaften. Walter Höllerer war Professor an der Technischen Universität in Charlottenburg. Er hatte ein erfolgreiches Literarisches Colloquium begründet, das ich bisweilen besuchte, wenn bedeutende Autoren aus den USA oder Frankreich bei Höllerer zu Gast waren. Den Theaterwissenschaftler Klaus Völker kannte ich seit den fünfziger Jahren aus Frankfurt. Auch Klaus Wagenbach, der damals seinen Berliner Verlag vorbereitete, war mir vertraut.

In der westlichen Presse und im Fernsehen sah man oft Willy Brandt und Günter Grass in gemeinsamem Auftreten. Da war offenbar eine Freundschaft entstanden. Auch wenn der Bürgermeister zum geheimen Verdruß seines Freundes keine Anstalten machte, diesem irgendein staatliches oder städtisches Amt anzubieten.

Wer Günter Grass war und einstmals sein würde, muß ich früh schon gespürt haben, gleich beim ersten Gedichtband über *Die Vorzüge der Windhühner*. Bald darauf das Zusammentreffen mit ihm selbst in seinem Berliner Freundeskreis. An eine eigentliche erste Begegnung mit Grass vermag ich mich nicht zu erinnern. Wir haben einander schon immer gekannt. Das war damals noch der Grass, der an der *Blechtrommel* schrieb. Mit ihm stand und steht es so, daß der, wie man so schön zu sagen pflegt, »real existierende« Günter Grass den jeweiligen Partner entweder in seinen Bann zieht oder abstößt. Zwischen uns besteht Freundschaft, die manche Krise überstand.

1959 kam ich zum ersten Mal zu einer Tagung der Gruppe 47. Gleich nach meiner »Rückkehr in den Westen«, nämlich im Frühjahr 1964, wurde ich als Ordentliches Mitglied in die Westberliner Akademie der Künste gewählt. Günter Grass und Walter Höllerer waren dort bereits heimisch. Auch der Präsident der Akademie, der Architekt Hans Scharoun, war ein vertrauter Bekannter. Mit ihm war ich im August 1948 zur Internationalen Schriftstellertagung von Berlin nach Breslau gereist, also ins polnische Wroclaw. Nun war er auch mein Akademiepräsident.

Genau in dieses Jahr 1964 fällt die erste Begegnung, mein erstes persönliches Gespräch mit Willy Brandt. Das war just an einem Abend im Haus von Günter Grass, wenn ich nicht irre, in Zehlendorf. Es kann aber auch durchaus sein, daß ich Willy Brandt, nachdem ich nun einmal ein Westler und Renegat geworden war, bereits beiläufig irgendwo anders begegnet war. Auch hier, wie im Falle von Grass, hatte ich bald darauf den Eindruck, mit Brandt seit langem bekannt zu sein.

Bei späteren wirklichen Gesprächen mit ihm erlebte

ich die Überraschung, daß es ihm mit mir ähnlich er-
gangen war. Auch er hatte von meiner einstigen Zu-
gehörigkeit zu den Leuten um Max Seydewitz und
Kurt Rosenfeld gewußt. Auch hatte er Arbeiten von
mir mit Interesse verfolgt. Obwohl wir darüber niemals miteinander gesprochen haben, weil Brandt es
offensichtlich nicht wollte, ist es heute unbestrittene
Tatsache, daß es im Frühjahr 1965 ohne eine Inter-
vention des Parteivorsitzenden Willy Brandt nicht zu
meiner Berufung auf den Lehrstuhl eines Ordentli-
chen Professors der Germanistik an der damaligen
Technischen Hochschule Hannover gekommen
wäre. In einem engeren Sinne verdanke ich Willy
Brandt meine Bestallung als deutscher Beamter auf
Lebenszeit. Das muß kurz rekapituliert werden.
Nach verweigerter Rückkehr ins östliche Leipzig
war ich in die Nähe von Ernst und Karola Bloch, von
Inge und Walter Jens und einigen anderen Freunden
nach Tübingen gezogen. Zunächst als Publizist. Eine
mögliche Berufung als Partner Walter Höllerers an
die Technische Universität Berlin mußte ich ableh-
nen. Die Nähe zur DDR war unheimlich. Dafür gab
es Beispiele, wie bekannt.
Es kam vor allem hinzu, daß ich, in streng illegaler
Form, bereits ein Berufungsangebot nach Hannover
auf einen neu zu gründenden germanistischen Lehrstuhl aufzuweisen hatte. Das war eine reizvolle Aufgabe. Am 1. August 1963, als für mich bereits fest-
stand, daß ich nicht zurückkehren würde, hatte ich
in Hannover mit der Berufungskommission getagt.
Man war einig geworden. Die Universität schlug

mich zur Ernennung vor. Das amtliche Niedersachsen machte Schwierigkeiten. Sozial-liberale Koalition der SPD mit den Freien Demokraten, die in Niedersachsen sehr konservativ und antiöstlich agierten. Sie stellten den Kultusminister, der mich prompt nicht haben wollte. Das zog sich hin. Der sozialdemokratische Ministerpräsident wandte sich an den Parteivorsitzenden. Willy Brandt entschied damals, die sozialdemokratische Mehrheit der Koalition solle dem kleineren Partner klarmachen, man halte meine Ernennung für wünschenswert. Der Kultusminister der FDP sandte mir einen Berufungsvorschlag. Nun wurde verhandelt.

Zweierlei erfuhr ich erst Jahre später. Daß Willy Brandt, der mich inzwischen auch kennengelernt hatte, diese Entscheidung traf. Außerdem: daß nichts so erfolgreich ist wie der Erfolg. Besagter Kultusminister der FDP in Hannover war einstmals auch Botschafter der Bundesrepublik gewesen, unter anderem in Australien. Inzwischen befand er sich im Ruhestand, kehrte aber gern nach Australien zurück. Dort erzählte man ihm, ich sei gerade zu Gast als Professor in Neuseeland und Australien. Der einstige Kultusminister aus Hannover schien es mit großer Freude zu hören. Er habe sich damals sehr für meine Berufung einsetzen müssen.

Das Jahr 1964 bedeutet heute – im Rückblick – den Anfang vom Ende des Adenauer-Staates. Adenauer war Jahrgang 1876. Bereits ein alter Mann bei seiner Wahl zum Bundeskanzler im Jahr 1949. Nun war er

88 geworden. Auch in seiner eigenen Partei wünschte man immer dringlicher einen Wandel. Mit seinem liberalen und ungeliebten Bundespräsidenten Theodor Heuss hatte Adenauer nach eigener Vorstellung im wesentlichen gut auskommen können. Heuss absolvierte zweimal fünf Amtsjahre von 1949 bis 1959. Inzwischen war Adenauer unanfechtbar. Es geschah, was von ihm angeordnet wurde. So erkor er sich einen zweiten Bundespräsidenten aus den eigenen Reihen. Der würde dann nicht, wie im Falle Heuss, bisweilen Widerworte geben. Niemand kannte vorher den wunschgemäß gewählten Bundespräsidenten Heinrich Lübke. Seine Amtszeit lief ab im Jahre 1964. Sollte es ihm in der Tat gelingen, gleich Theodor Heuss, für eine zweite Amtszeit wiedergewählt zu werden?

Eben dies war eigentliches Thema jener Zusammenkunft im Haus von Günter Grass und damit Anlaß zu meiner ersten Begegnung mit Willy Brandt. Heinrich Lübke war leidlich beliebt bei der Bevölkerung. Ein Hauch unfreiwilliger Komik umgab ihn. Allgemeinbildung war nicht seine Stärke. Es kursierten Lübke-Witze. Den Bundeskanzler Adenauer störte das ebensowenig, wie ihn die belastende Nazivergangenheit seines »Hofjuristen« Globke, Kommentator der Nürnberger Rassengesetze, irritiert hatte. Adenauer hatte auch keine Illusionen, wenn es um Globkes Nachfolger im Bundeskanzleramt ging: den trockenen Juristen Walter Hallstein, der eine amtliche Doktrin entwarf, wonach jene Staaten nicht mehr zum Umgang mit der Bundesrepublik eingeladen wurden, die es gewagt hatten, einen Antrittsbesuch zu machen bei einer angeblich sagenhaften Deutschen Demokratischen Republik. Adenauers Politik setzte ausschließlich auf die westliche Welt. Hinter den Ostgrenzen der Bundesrepublik lag Feindesland. Das ungeheure internationale Aufsehen jener Warschauer Episode Willy Brandts auf dem Gelände des einstigen Warschauer Ghettos wird erst verstehbar aus dem Kontrast zur Quarantänepolitik von Adenauer und Hallstein.

Im Jahre 1964 nämlich wurde offensichtlich, daß der achtundachtzigjährige Bundeskanzler sich auch im Bundespräsidenten Heinrich Lübke getäuscht hatte. Denn Lübke, das sollte sich bald herausstellen, wünschte mit einer großen Mehrheit der Kanzlerpartei den Wandel.

Darum ging es also bei jenem Gespräch, zu dem ich eingeladen worden war. Ich denke gern an diesen Abend zurück. Es wurde heftig, bisweilen nicht ohne Bosheit, diskutiert. Beide Seiten waren in großer Besetzung angetreten. Dergleichen hat sich seitdem, wie mir scheint, nie wieder ereignet in der Geschichte der Bundesrepublik Deutschland. Ein ebenso privates wie offizielles Gespräch zwischen den führenden Vertretern der Sozialdemokratischen Partei Deutschlands und deutschen Schriftstellern von Rang. Willy Brandt kam in Begleitung seiner Stellvertreter Fritz Erler und Herbert Wehner, des Wirtschaftsprofessors Karl Schiller und seines Kultursenators Adolf Arndt. Auch ein junger Publizist vom RIAS war mitgekommen. Nach Ende des Gesprächs, als sich die Gäste der SPD verabschiedet hatten, kam er zurück und gab uns Schriftstellern wunschgemäß eine Darstellung der Ansichten seiner Parteifreunde über den Verlauf des Abends. Er machte das vorzüglich. Solche Zusammenfassungen sind schwierig, das kannte ich aus meinen Erfahrungen als einstiger Jurist. Als auch er sich verabschiedet hatte, fragte ich Grass nach dem Namen dieses »klugen Kindes«. Es war Egon Bahr.

Auch die literarische Seite konnte sich sehen lassen. Grass selbst und Uwe Johnson. Ingeborg Bachmann, Walter Höllerer und Walter Jens. Carl Améry und Klaus Wagenbach und Hans Werner Richter, um nur einige Namen zu nennen.

Es ging sogleich um Heinrich Lübke. In Berlin mußte es sich herumgesprochen haben: Die sozialdemokratischen Vertreter in jener Bundesversammlung, die den Präsidenten zu wählen hatte, würden eine Wiederwahl Heinrich Lübkes nicht blockieren. »Wie kommt ihr dazu, diesen Lübke wieder haben zu wollen?«, so wurde zornig gefragt. Die Antwort, sehr ausführlich und ruhig, gab Fritz Erler. Ich habe ihn nur an jenem Abend erlebt. Er ist früh gestorben. Damals machte er mir großen Eindruck. Auch die anderen waren nachdenklich geworden. Übrigens zeigte es sich dann, als Lübke in der Tat wiedergewählt wurde, daß Erler gewußt hatte, was er tat und plante.

Als der Bundeskanzler Ludwig Erhard, vor dessen Wahl Konrad Adenauer eindringlich gewarnt hatte,

in jeglichem Verstande am Ende war, wurde eine Regierung der Großen Koalition vom Bundestag beschlossen. Bundeskanzler Kurt Kiesinger und Vizekanzler sowie Außenminister Willy Brandt. Dies wäre undenkbar gewesen ohne die Mitwirkung des Bundespräsidenten Heinrich Lübke.
Willy Brandt beschränkte sich an jenem Abend auf die Gesprächsleitung. Er saß da, trank seinen Rotwein, erteilte das Wort. Seine innere Anteilnahme schien weitgehend der Nachbarin Ingeborg Bachmann zu gelten, die wunderschön war an jenem Abend.

Übrigens drangen Berichte über das Beisammensein im Hause von Grass rasch an die Öffentlichkeit. Die Berliner CDU wurde eifersüchtig. Nun wollte sie angesichts der bevorstehenden Wahlen zum Bundespräsidenten (1964) und zum Bundestag (1965) auch ein Gespräch mit literarischer Prominenz führen. Günter Grass kam als Gastgeber natürlich nicht in Frage. Hans Werner Richter, der damals gleichfalls noch in Berlin lebte, stellte etwas verlegen seine Wohnung zur Verfügung. Ich wurde auch diesmal eingeladen und ging hin. Es war vollkommen belanglos und unergiebig. Natürlich zeigte es sich, daß die Partei Adenauers und Erhards keinerlei Neigung zu einem wirklichen Gespräch fühlte. Ein paar unbekannte Mitglieder des Bundestags waren erschienen, ganz wenige. Den Namen eines Müller-Wipperfürth merkte ich mir als Rheinländer, und den Namen Bernhard Vogel. Ein Vogel, der nicht zur Partei seines Bruders Hans-Jochen gehörte. Mit dem kam ich damals ins Gespräch. Wir sind seitdem immer ein bißchen miteinander im Gespräch geblieben.

VI. Die Tage in Luxemburg

Es sollte sich bald herausstellen, nach jenem Abend im Haus von Günter Grass, daß Fritz Erlers Zukunftsplanung sozialdemokratischer Politik in allen ihren Voraussetzungen richtig gewesen war. Zwar gab es 1964 und 1965 noch einmal zwei Wahlsiege der CDU: Heinrich Lübke wurde ein zweites Mal als Bundespräsident gewählt, unter Tolerierung durch die SPD, ganz so, wie es uns Erler begründet hatte. 1965 dann ein schwacher Wahlsieg bei der Bundestagswahl. Noch war es Willy Brandt als Gegenkandidat zum amtierenden Bundeskanzler Ludwig Erhard nicht gelungen, das aufgehäufte Prestige des Adenauer-Staates abzubauen. Die trotzdem fällige Demolierung besorgte Erhard selbst, ohne es begriffen zu haben. Während des Wahlkampfes war er vor wütenden Studenten auf dem Tübinger Marktplatz aufgetreten. Er glaubte, durch seine bloße Anwesenheit zu wirken, und erreichte das Gegenteil. Statt ernsthaften öffentlichen Nachdenkens begnügte er sich mit uralten Klischees aus der Adenauer-Zeit: Auftreten mit brennender Zigarre und mit hochgereckten Armen und V-Zeichen. Das reichte nicht hin. Zumal die eigene Presse nicht verschwieg, daß in der Erhard-Regierung, nicht allein in Haushaltsfragen, unlogischer Wirrwarr herrsche. Trotzdem: Er schaffte noch einmal die Mehrheit für seine Mannschaft. Mitten in der amtlichen Regierungszeit mußte jedoch diesem Wirrwarr ein Ende gemacht werden.

Auch hier hatte Fritz Erler richtig gerechnet. Der Bundespräsident Heinrich Lübke, der immer dabei mitgeholfen haben mochte, entließ die Regierung Erhard und berief die Regierung einer Großen Koalition aus CDU, deren Mehrheit respektiert werden mußte, und SPD. Der Ministerpräsident des Landes Baden-Württemberg, Kurt Kiesinger, fungierte als Bundeskanzler. Vizekanzler und Außenminister wurde der Berliner Regierende Bürgermeister Willy Brandt. Wie es damals der sozialdemokratische Parteivorstand entgegen der Skepsis von uns Schriftstellern vorausgesagt hatte.

Nach Installierung der Großen Koalition von Kiesinger und Brandt fragte ich den nunmehrigen Vizekanzler und Außenminister nach seinem Urteil über Kurt Kiesinger. Es interessierte mich aus persönlichen Gründen. Nach meiner in einiger Zeit fälligen Emeritierung als Professor in Hannover würde ich nach Tübingen ziehen. In die Nähe von Ernst und Karola Bloch vor allem. In Tübingen wohnte auch Kurt Kiesinger. Auf meine vertraulich gehaltene Frage nach seinem Verhältnis zum Bundeskanzler antwortete Willy Brandt nur kurz. Er schien seinen Regierungspartner vor allem für einen Schönredner zu halten.

Fritz Erler hat dies alles nicht mehr erleben und vor allem mitgestalten können. Sein Kalkül wurde nun deutlicher sichtbar. Man begann mit der Großen Koalition, um das Ende der Wahlperiode zu erreichen. Im Jahre 1969 waren Bundestagswahl und auch Neuwahl eines Bundespräsidenten fällig. Im Jahr

1969 gab es dann den sozialdemokratischen Bundespräsidenten Gustav Heinemann. Eine immer noch
dünne Mehrheit für die CDU bei der Bundestagswahl
ließ den bisherigen Bundeskanzler Kiesinger vermu-
ten, man werde ihm den Auftrag erteilen, abermals
eine Große Koalition zu organisieren. Kiesinger
scheint niemals begriffen zu haben, wie sein hilfloses
Protestieren verriet, daß sich alles geändert hatte.
Sozial-liberale Koalition mit dem Bundeskanzler
Willy Brandt und einem Vizekanzler und Außenminister der bis dahin vom Regieren ausgeschlossenen
Freien Demokraten. Regierung Willy Brandt und
Walter Scheel.

In der Tat zeigte es sich bald nach dem Antritt der
neuen Koalitionsregierung, daß nunmehr anders re-
giert wurde. Kiesinger beschränkte sich als Bundeskanzler, im Gegensatz übrigens zu seiner früheren
Amtsführung in Stuttgart, auf Rhetorik und Ab-
sichtserklärungen. Willy Brandt bereitete neue politische Tatsachen vor. Im Rückblick waren es vor allem einige grundlegende Verzichte auf einstige
Grundpostulate von Konrad Adenauer und Walter
Hallstein. Abkehr von der Hallstein-Doktrin und
ihren Berührungsverboten. Abkehr von der aus-
schließlichen Westorientierung deutscher Politik.
Vom einstigen kalten Krieg war immer noch viel
ideologisches Räucherwerk übriggeblieben. Einem
wichtigen Teil deutscher Medien war die Erinnerung
daran nach wie vor lieb und teuer. Es war offensichtlich, daß man dort entschlossen war, dem Außenmi-

nister Willy Brandt jene neue Orientierung auch nach Osten, auch im Verhalten gegenüber der DDR und der nunmehr auftrumpfenden Bewegung der Achtundsechziger möglichst zu erschweren. Noch war es nicht soweit, denn man hatte das Jahr 1969 erst abzuwarten. Allein, Willy Brandt bereitete schon als Außenminister die künftigen Besuche in Warschau und in Erfurt vor. Das hat er mir viel später, als er nicht mehr in Deutschland amtierte, außer als Parteivorsitzender, ohne weiteres zugegeben.

So kam es zu der Episode eines gemeinsamen Besuches im Großherzogtum Luxemburg. Mit Recht erkannte der neue Außenminister, daß zum Zerstäuben ideologischer Residuen vor allem auch eine neue und deutliche Abgrenzung von den Untaten des Dritten Reiches gehörte. Willy Brandt selbst war als Emigrant aus Norwegen in die ersehnte deutsche Freiheit zurückgekehrt. Man hat es ihm nicht gedankt: Er habe »gegen uns gekämpft in der Stunde unserer Not«. Nun sollte ein Emigrant von einst die deutsche Außenpolitik verantworten. Es war, gerade weil weite Teile der Bevölkerung Vergeßlichkeit vortäuschten, vor allem wichtig, klar über die deutsche Politik seit 1933 zu sprechen. Also auch über das Widerstandsrecht. Auch über politisches Dissidententum. Nicht zuletzt über einen demokratischen Alltag in der Bundesrepublik Deutschland. Daß man sich dabei nicht auf das Beispiel des anderen deutschen Staates würde stützen können, war evident. Da genügte die allzu große Erfahrung eines Regierenden Bürgermeisters von Westberlin. Es war bekannt, wie der noch junge Willy Brandt am 17. Juni 1953 von Westberlin aus versucht hatte, unnötiges Unheil zu verhindern.

Bereits durch seine Stellung als Parteivorsitzender und Regent von Westberlin hatte sich Brandt, wie schon während des Krieges von Norwegen aus, zahlreiche Bindungen und Freundschaften geschaffen, die ihm, dem Außenminister und Vizekanzler, nun helfen konnten. Es gab damals, wie sich herausstellte, einen vorzüglichen sozialdemokratischen deutschen Botschafter in Luxemburg. Die enge Verbindung des Großherzogs und seiner Regierung mit den Monarchien von Belgien und den Niederlanden, den beiden anderen Benelux-Staaten, machte alles verhältnismäßig leicht. So konnte Willy Brandt, ohne auf Widerstand in der Koalitionsregierung zu stoßen, eine ungewöhnliche Tagung in Luxemburg vorbereiten. Eine Tagung über politische Emigranten des Dritten Reiches, eine gemeinsame Veranstaltung der großherzoglichen und der bundesdeutschen Regierung, wobei eine Wirkung von Luxemburg aus hinüber nach Deutschland ins allgemeine Bewußtsein anzustreben war. Es war den Veranstaltern vor allem darauf angekommen, jenseits deutscher Grenzen, doch mit Hilfe von einstigen deutschen Emigranten, erkennbar zu machen, welches kulturelle Format die deutsche politische Emigration repräsentiert hatte. Ein paar Namen der von Willy Brandt nach Luxemburg eingeladenen Exilanten von einst

konnten dies bezeugen. Max Horkheimer. Golo
Mann. Jean Améry.

Nach dem zwischen Bonn und Luxemburg festgeleg-
ten Tagungsprogramm sprach Golo Mann aus Zürich zusammen mit Willy Brandt bei der zentralen
öffentlichen Veranstaltung. Er hielt, wie gewohnt,
eine ebenso ruhige wie deutliche Rede. In Golo
Manns vorzüglicher Geschichte der dreißiger Jahre
und der Kriegszeit wird der Familienname des einstigen Führers und Reichskanzlers nicht genannt.
»Nicht gedacht soll seiner werden«, heißt es einmal
bei Heinrich Heine.

Vorgesehen vom Protokoll, vor allem auch von den
luxemburgischen Germanisten unter der Führung
von Professor Léopold Hoffmann, war auch ein Vortrag über den Emigranten Thomas Mann und sein literarisches Exilwerk. Für diesen Vortrag hatte Willy
Brandt mich als Redner ausgewählt. So konnte ich
diese Tage in Luxemburg in ständiger und enger Verbindung mit Brandt und den anderen deutschen Teil-
nehmern erleben. Für mich ist alles unvergeßlich geblieben. Wir wohnten im Hotel Cravat, frühstückten
miteinander in guter Laune, denn die Tagung wurde
ein Erfolg, und es war schönes Wetter. Willy Brandt
war sehr locker, fern von irgendeinem amtlichen Ge-
habe. Es war bekannt, daß er gern erzählte, vorwie-
gend auch internationale gute Witze. Er machte das
vorzüglich. Wir haben viel gelacht.

Einmal freilich durfte nicht gelacht werden. Das Protokoll der luxemburgischen Monarchie hatte natürlich vorgesehen, daß Seine Königliche Hoheit, der

Großherzog von Luxemburg, die deutschen Gäste im Schloß zur Audienz empfangen würde. Wir wurden vom Hofmarschall und vom deutschen Botschafter in einem großen Halbkreis aufgestellt. Der Großherzog begrüßte jeden einzelnen, der ihm vom Hofmarschall präsentiert wurde. Er war gut vorbereitet worden. Ich stand neben Willy Brandt. Als ich, wie der amtliche Ausdruck zu lauten hatte, »ins Gespräch gezogen« wurde, erwies sich die Sorgfalt dieser Vorbereitung. Der Monarch war freundlich und schien interessiert zu sein. Auch das großherzogliche Theater wurde einbezogen in das Gesamtkonzept unserer Tagung. Der Düsseldorfer Generalintendant Karlheinz Stroux war mit dem Düsseldorfer Ensemble nach Luxemburg gekommen. Man würde am Abend unseres Audienztages das Schauspiel *Jacobowsky und der Oberst* des österreichischen Emigranten Franz Werfel aufführen. Als während des Empfangs Stroux an der Reihe war, zeigte es sich jedoch, daß das Thema Franz Werfel bei der Planung der Audienz nicht vorgesehen war. Eine Rückfrage des Großherzogs machte es ahnen. Willy Brandt und ich schauten starr geradeaus.

Bereits hier in Luxemburg also, in der klaren Voraussicht, daß der scheinbare Kleinstaat zwischen romanischer und deutscher Sprachwelt eine entscheidende Rolle in einem künftigen Europa spielen würde, plante Willy Brandt das Grundprinzip des Außenpolitikers, Weltpolitikers und späteren Friedensnobelpreisträgers. »Ein unvollendet Lied sinkt er ins Grab ...«, so hieß es einst nach dem frühen Tode von Georg Büchner. Einige Trauer deutscher Art umgibt bis heute alle Erinnerung an diesen ungewöhnlichen Menschen Willy Brandt, der allenthalben, wie es scheint, stets beides zugleich sein mußte: Repräsentant und Dissident. Damals in Luxemburg durfte man, im Grunde zum ersten Mal nach den lange zurückliegenden frühen Nachkriegsjahren, von neuem Hoffnung schöpfen: in beiden deutschen Staaten. Die Achtundsechziger in der Bundesrepublik Deutschland machten deutlich, daß Schluß sein müsse mit dem Verschweigen und Verdrängen und den Redensarten wie »in jenen schrecklichen Jahren ...«.

Auch für die Deutsche Demokratische Republik wurde der Verzicht auf die Hallstein-Doktrin ein Hoffnungszeichen. Ich bin heute noch der Meinung, daß Erich Honecker selbst, natürlich im Gegensatz zu Moskau und seinen moskowitischen Genossen, an die Möglichkeit eines vertraglichen und sachlichen Miteinander der beiden deutschen Staaten geglaubt hat. Es ist anders gekommen, wie man weiß.

VII. Das Geschehen und das Schweigen

In jenem Jahr 1969 veröffentlichte der Suhrkamp Verlag meinen kleinen Essayband *Das Geschehen und das Schweigen. Aspekte der Literatur* in der Reihe edition suhrkamp. Ausgewählte Texte von Essays und Reden, die ich seit meiner Berufung auf den Lehrstuhl für deutsche Literaturgeschichte an der späteren Universität Hannover, damals noch Technische Hochschule, gehalten hatte. *Aspekte der Entfremdung*, so lautet einer der Titel dieses kleinen Bandes. Geheimer Ausgangspunkt des Ganzen war meine Antrittsvorlesung in Hannover mit dem Titel *Sprechen und Verstummen der Dichter*. Sie gehörte zu einem Zyklus von fünf von der Hochschule veranstalteten Vorträgen über das veränderte Verhältnis zwischen deutscher Literatur und deutscher Sprache in der zweiten Hälfte unseres Jahrhunderts. In dieser Rede und auch in einem anderen Text mit dem noch deutlicheren Titel *Happening und Innenwelt* versuchte ich zu zeigen, daß die literarische Sprache damaliger Gegenwart immer mehr den Grenzen des sprachlichen Ausdrucks zustrebe, um folgerichtig bei den extremen Positionen zu landen. Einerseits das sprachliche Verstummen als äußerster Ausdruck der Innenwelt. Zum anderen das sinn- und wertlose Geschwätz oder auch, damals im Zeichen österreichischer Aktionisten, das wortlose Agieren. In der Antrittsrede über Reden und Schweigen der Dichter hatte ich zwei bemerkenswerte Ge-

46

dichte großer Lyriker als Modellfälle benannt. Ein Gedicht Gottfried Benns über das Gerede am Nebentisch im Restaurant und ein Gedicht Paul Celans, *Auf dem Wege ins Verstummen*. Von daher folglich der Titel jenes Büchleins aus dem Jahre 1969: *Das Geschehen und das Schweigen*.

Eine doch wohl ungewöhnliche Formulierung. Jahrzehnte später fand ich die Antithese des Geschehens und des Schweigens – ausdrücklich, abermals in Form einer Überschrift – bei einem anderen Schriftsteller. In den späten *Erinnerungen* von Willy Brandt.

Diesmal konnte keine Rede mehr sein vom Zufall einer unabhängig voneinander entstandenen identischen Formulierung. Dafür war die Formel *Das Geschehen und das Schweigen* viel zu literarisch. Hier hatte der späte Memoirenschreiber Willy Brandt in aller Bewußtheit den Hans Mayer von 1969 zitiert. Das Bändchen der edition suhrkamp war vermutlich da längst vergriffen. Willy Brandt hatte als einstiger Leser aus der Erinnerung zitiert, das war evident.

Nach der Lektüre von Brandts *Erinnerungen*, die ich damals für die sozialdemokratische *Neue Gesellschaft* zu rezensieren unternahm, sah ich auch, daß eine andere Formulierung in diesen Memoiren ebenfalls nicht auf Zufall beruhen mochte. In meinem eigenen Erinnerungsbuch *Ein Deutscher auf Widerruf* von 1982 hatte ich, wie erwähnt, die Schilderung meiner Rückkehr aus dem schweizerischen Exil ins zerstörte Deutschland im Oktober 1945 unter die Überschrift gestellt: »Heimkehr in die Fremde«. Da-

47

mit sollte der Zustand eines überlebenden Emigranten benannt werden, der als totaler Fremdling in die einstige Ursprungslandschaft zurückkehrt. Nach allem, was geschehen und verübt worden war. Man übernahm eine für richtig gehaltene Aufgabe im einstigen Vater- und Mutterland. Doch nichts von allem war geblieben. Nicht Vater und Mutter, nicht Vaterland und Mutterland. Heimkehr in eine Fremde. Ein Deutscher auf Widerruf. Der Widerruf blieb unwiderrufen.

In seinen Erinnerungen beschreibt Willy Brandt, inzwischen zum Norweger geworden, die eigene Rückkehr nach Deutschland. Die Rückkehr eines »wirklichen Deutschen«. Rückkehr, wie sich für ihn herausstellen sollte, in das grausam zerstörte, viergeteilte, provinzielle, zerstrittene »Städtchen Berlin«, um einen boshaften Ausdruck von Dostojewski zu zitieren. Allein, es war für Brandt die Rückkehr eines Deutschen in eine – trotz allem – befreite Heimat. »Heimkehr in die Freiheit«, so lautete beim späten Willy Brandt die analoge Überschrift. Für mich als sein Leser war in beiden Fällen, Fremde und Freiheit, eine Wirklichkeitskonstellation zutreffend zur Sprache gebracht worden. Ich kam zur Einsicht, daß Willy Brandt, indem er sich jeweils in ähnlicher Weise wie ich erinnerte, eine Beziehung zu meinen Büchern herstellen wollte. Auch wenn er selbst beim Niederschreiben nicht mehr genau hätte sagen können, wie es bei ihm zu diesen Formulierungen gekommen war. In der Zeit jedoch zwischen 1968 und seinen Kanzlerjahren muß meine Formel *Das Ge-*

schehen und das Schweigen für ihn nahezu vital gewesen sein.

Man denke. In Brandts *Erinnerungen* wurde meine
Formel zweigeteilt. Hier: »Das Geschehen«. Dort:
»Und das Schweigen«. Die in meinem Text antitheti-
sche Formulierung wird durch den Schriftsteller
Willy Brandt in ein ethisches Nacheinander verwan-
delt. Zwei Überschriften statt einer einzigen Zu-
standsschilderung. Die Überschrift »Das Geschehen« steht über Brandts Bericht zur Affäre um den
Ostspion Günter Guillaume. Dann wird der Her-
gang berichtet, der zur Demission Brandts vom Amt
des deutschen Bundeskanzlers führen sollte. Überschrift des Erinnernden: »Und das Schweigen«. Natürlich ist diese Stelle sogar ein doppeltes Zitat. Hinweis auf meine literarische Formel von 1969, vor
allem aber Hinweis auf Shakespeares *Hamlet*: »The
rest is silence«. Worte des sterbenden Hamlet. In der
Tat findet sich bei Brandt, was für mich von großer
Würde zeugt, bloß die Schilderung dessen, was sich
damals zutrug. Kein Kommentar, keinerlei Anklage.
Keine Rechtfertigung.

VIII. Im Dickicht der Städte

Auch dies ist wiederum ein Zitat. Der Titel nämlich eines Schauspiels von Bertolt Brecht aus den frühen zwanziger Jahren. Kein Bühnenerfolg damals, wohl auch kein Bucherfolg. Man vermißte, weil Brecht es so gewollt hatte, alle Festlegung der dramatischen Positionen zwischen den Kämpfern und Vernichtern in diesem Schauspiel. Da gab es keine moralisch befriedigende Lösung. Sieg und Niederlage besagten nichts. Brecht ging es um einen »Kampf an sich«. Merkwürdig jedoch, also erinnerungswürdig, ist die Tatsache, daß in den stürmischen späten sechziger Jahren in Paris, im Théâtre de l'Odéon auf dem linken Seineufer, dieses frühe Brecht-Stück mit großem Erfolg gespielt wurde.

»Dickicht« umgibt in der Tat bis heute diese deutsche politisch-historische Episode aus den siebziger Jahren. Nichts scheint hier zusammenzupassen. Die Bundestagswahlen von 1969 hatten, numerisch gesehen, keine wirkliche Entscheidung zwischen CDU und SPD gebracht. Kiesinger durfte sich formal als Anwärter auf eine neue Kanzlerschaft betrachten. Dazu kam es nicht. Der Bundespräsident Heinrich Lübke berief eine Regierung mit einem Kanzler der Sozialdemokratie als der zweitstärksten Partei. Mehrheitsfähig gemacht durch Einbeziehung der bis dahin oppositionellen Freien Demokraten. Willy Brandt und Walter Scheel. Der Versuch der einstigen

Partei Konrad Adenauers, die schmale Basis dieser Regierung dadurch zu Fall zu bringen, daß man Rainer Barzel als Gegenkanzler wählen ließ, mißlang unter merkwürdigen Umständen. Im Dickicht der Stadt Bonn. Nun konnte Bundeskanzler Willy Brandt das Parlament auflösen, Neuwahlen anordnen, einen großen Wahlsieg erringen. Seit 1969 gab es zudem den sozialdemokratischen Bundespräsidenten Gustav Heinemann.

Natürlich waren die siebziger Jahre eine Epoche großer Umwandlungen in der europäischen Politik. Allenthalben sowohl demonstrative konservative Festigung, wie im englischen Thatcherism, als auch höchster Nachholbedarf nach vielen Jahren des Verschweigens in der deutschen Innen- und Außenpolitik. Die Regierung Brandt/Scheel schien in schwierigsten Zeiten trotz allem im Bunde zu sein mit dem Prinzip Hoffnung. Willy Brandt selbst muß es damals so empfunden haben. Seine großen persönlichen Erfolge in Warschau wie in Erfurt lassen es ahnen. Und dann der läppische Spionagefall des Ostagenten Guillaume in engster Nähe von Bundeskanzler Willy Brandt.

Im Dickicht der Städte. Was ist damals gespielt worden auf beiden Seiten, zwischen den Ämtern des Westdeutschen Gehlen und des Ostdeutschen Markus Wolf? Die westliche amtliche Entrüstung über den Fall Guillaume hat im allgemeinen Bewußtsein die Tatsache ganz verdrängt, daß sich ein westliches Agentenpaar im Vorzimmer des Ministerpräsidenten Otto Grotewohl in Ostberlin eingenistet hatte.

Die beiden wurden enttarnt und hingerichtet. Dazu gibt es Akten. Die Affäre führte zur Freude Walter Ulbrichts und seiner russischen Auftraggeber zur praktischen Entmachtung des einstigen Sozialdemokraten Otto Grotewohl. Ich habe Grotewohl recht gut gekannt, habe mit ihm an einer großen literarischen Goethe-Rede, die er zu halten hatte, arbeiten können. Er blieb mir in guter Erinnerung. Auch im Falle von Otto Grotewohl galt die Formel: das Geschehen und das Schweigen. Das spätere Bild einer Deutschen Demokratischen Republik wird bis heute geprägt von Ulbricht und einem in Moskau, wie Ernst Bloch sagen würde, »zur Unkenntlichkeit veränderten« Erich Honecker.

Wie aber ist vom Standpunkt bundesdeutscher Politik aus gesehen das unklare Nebeneinander des ostdeutschen Agenten im Kanzleramt und des gewaltigen persönlichen Erfolges Willy Brandts bei seinem Besuch in Thüringen zu erklären? Daß in den Amtsstellen sämtlicher Geheimdienste in allzu vielen Fällen nicht mit dem Scharfsinn eines Sherlock Holmes oder Philip Marlowe gearbeitet wird, sondern mit eifriger Dummheit, ist unbestritten. Auch im Falle des, wie sich nach seiner Enttarnung herausstellen sollte, wenig eindrucksvollen Herrn Guillaume.
Im Dickicht und Dunkel hingegen bleibt, warum der Bundeskanzler Willy Brandt so spät von der Enttarnung des Agenten unterrichtet wurde. Die Geheimdienste, das weiß man heute, hatten den Bundesinnenminister Hans Dietrich Genscher aus Halle

informiert. Genscher hatte sich offensichtlich nicht an Brandt gewandt, sondern an den sozialdemokratischen Fraktionsvorsitzenden Herbert Wehner. Wehner wiederum war inzwischen, ausgerechnet während eines Staatsbesuches in Moskau, als offener Kritiker seines Genossen Bundeskanzler an die Öffentlichkeit getreten. Nun war es offensichtlich Wehner, der Brandt zu unterrichten hatte. Im Dikkicht der Stadt Bonn.

Es begann eine weitere Episode grauschwarzer Nacht. Nach wie vor hätte es damals keinerlei Anlaß gegeben, auf die ostdeutsche Agentenpleite mit einem Sturz oder einer freiwilligen Demission des Bundeskanzlers zu reagieren. Hans-Dietrich Genscher brauchte nur die ihm unterstellten Geheimdienste an ihr eigenes Tun zu erinnern: zum Beispiel im Falle des Ministerpräsidenten Otto Grotewohl. Der Fraktionsvorsitzende Herbert Wehner, ein ausgezeichneter Parlamentarier, hätte auch ganz andere Ratschläge offerieren können als den der Demission und Kapitulation.

Vielleicht ist die Lösung so vieler unklar gehaltener und gebliebener Fragen dadurch zu erklären, daß zur Zeit des Falles Guillaume nicht nur, wie verständlich, christlich-demokratische Politiker entschlossen waren, die Macht zurückzugewinnen, sondern auch ein tiefer Konflikt zwischen Herbert Wehner und Willy Brandt entstanden war. Es ging um eine Grundfrage künftiger deutscher Politik. Willy Brandt verstand die Aussichten bundesdeutscher Politik als »Wandel durch Annäherung«. Er wünschte eine positive und friedliche Koexistenz der beiden deutschen Staaten. Diese politische Haltung, das hat auch alles spätere Wirken des Friedensnobelpreisträgers Brandt bestätigt, hätte zu einer Annäherung zwischen den Vereinigten Staaten und der Sowjetunion führen können. Dadurch wäre dann die Basis aller kalten Kriege brüchig geworden.

Hier wurde der Konflikt zwischen Brandt und Wehner offensichtlich. Herbert Wehner scheint die Erfurter Episode, welche den Besucher Willy Brandt für einen Augenblick zum ersehnten Bundeskanzler auch der Menschen in der DDR zu proklamieren schien, tief mißbilligt zu haben. War Wehner, in jener Großen Koalition der Regierung Kiesinger/Brandt ausgerechnet mit den Aufgaben eines Bundesministers für Gesamtdeutsche Fragen betraut, ein entschiedener Gegner eines weitgehenden Wandels durch Annäherung zwischen BRD und DDR? So scheint es der späte Willy Brandt gesehen zu haben. Er machte auch kein Geheimnis aus solchen Einsichten. Hat er damals richtig geurteilt über den wie Brandt selbst inzwischen ins Privatleben zurückgekehrten Nachkriegsberater Kurt Schumacher in Hannover? Abermals Dickicht. Welche Rolle spielte Herbert Wehner? Wo und wie begann die Nachkriegsgeschichte einer deutschen Sozialdemokratie? Wiederholte sich der Nachkriegsgegensatz zwischen Kurt Schumacher mit dem Berater Herbert Wehner in Hannover und dem Berliner Ernst Reuter mit seinem Schüler und Nachfolger Willy Brandt als geheimes und wiederkehrendes Leitmotiv in nahezu jeder

Einzelfrage gesamtdeutscher Politik zwischen 1969 und 1989? Es sieht nicht so aus, als ob die heutige deutsche Geschichtsforschung in absehbarer Zeit klare Antworten geben könnte. Zu vieles steht dem entgegen.

IX. Herbert Wehner

Nur jenes eine Mal bin ich ihm begegnet, diesem Herbert Wehner. Freilich bei einem Gespräch unter vier Augen, und dies auf seinen Wunsch, bei dem bereits beschriebenen Treffen im Hause von Günter Grass. Man hatte ein bißchen miteinander gefeiert, gegessen und getrunken. Die gemeinsame Sitzung war durch Willy Brandt eröffnet worden. Man blieb beim Rotwein. Die ersten Gegensätze waren formuliert worden. Schroff ablehnend von den Schriftstellern. Ruhig und tatsachenkundig durch Fritz Erler. Plötzlich stand Wehner auf, während die Sitzung weiterging, kam auf mich zu und fragte leise, ob man miteinander ins Nebenzimmer gehen könne. Auch ich stand auf. Wir haben damals wohl eine halbe Stunde miteinander gesprochen. Er wußte genau, wen er vor sich hatte: den Hans Mayer, dem er damals in Hannover und bei Kurt Schumacher nachweislich tief mißtraut hatte. Den er für einen kommunistischen Agenten hielt. Er hatte auch Kurt Schumacher vor dessen Frankfurter Rundfunkgespräch mit mir ausdrücklich gewarnt. Das hat mir viele Jahre später, nach meiner Rückkehr aus Leipzig und in den Westen, Wehners damaliger Schüler Fritz Heyne offen bestätigt.
Inzwischen war ich Nationalpreisträger für Wissenschaft und Kunst einer Deutschen Demokratischen Republik im Jahre 1955 geworden. Dann begann nach den Ereignissen in Ungarn von 1956 das Miß-

trauen der Staatssicherheit. Psychoterror und so fort. 1963 war ich zum Republikflüchtling geworden. Also Abschaum. Jetzt saß ich, ein Jahr später, noch ohne Amt und Würden im Westen, mit Wehner in der Wohnung von Günter Grass.

Allein, auch ich glaubte zu wissen, mit wem ich hier zusammentraf. Meine damaligen Ansichten wurden bestätigt durch die Fragen, die Wehner mir stellte. Sie galten ausschließlich den wichtigen Kadern im Politbüro der SED. Wehner machte keinen Hehl daraus, daß er genau unterrichtet war über die große gegenseitige Sympathie, die mich in Leipzig in den Anfängen einer Freien Deutschen Jugend mit dem aus dem Zuchthaus befreiten Erich Honecker verband. Honecker war oft in meiner Leipziger Wohnung gewesen. Ich hatte ihn damals gewarnt vor einem seiner engen Mitarbeiter in der Führung der FDJ, den ich für einen Westagenten hielt. Er war in der Tat ein Westagent, der bald darauf in den Westen zurückkehrte. Er hatte für das Ostbüro der SPD gearbeitet. Also auch für Herbert Wehner in Hannover. Es kam hinzu, daß ich, bevor es zur Gründung eines Ostbüros in Hannover gekommen war, den offiziell ernannten Leiter dieses Büros bereits unmittelbar nach Kriegsende, noch im Dezember 1945, in Bad Nauheim kennengelernt hatte.

Mir war bei diesem Gespräch mit Wehner in Westberlin durchaus bewußt, daß er es gewesen war, der angesichts der tödlichen Erkrankung Schumachers den Plan dieses Ostbüros der SPD entworfen hatte. Das offen erklärte Arbeitsziel dieses Büros sollte darin bestehen, im östlichen Deutschland künftige Zellen einer ostdeutschen Sozialdemokratie vorsichtig heranzubilden. Nichts davon, das weiß man heute, ist auch nur ansatzweise von Hannover aus erreicht worden. Alle Sendboten des Ostbüros sind hochgegangen. Daß es im Augenblick der »Wiedervereinigung«, also 1989, keinerlei reale Grundlage gab für eine sozialdemokratische Mitgliedschaft in den sogenannten Neuen Bundesländern, war eine Spätfolge einstiger Fehler dieses Ostbüros.

Da sitzen nun zwei Menschen beisammen und besitzen ein Wissen voneinander, das von beiden Seiten stillschweigend vorausgesetzt wird. In diesem Geist und von diesem Unterbau aus verstehe ich Herbert Wehners Fragen über Erich Honecker. Den hatte ich, nachdem er die Leitung der FDJ abgegeben hatte, um nach Moskau zu ziehen, niemals wiedergesehen. Ich wußte aber, durch Zwischenträger, daß auch er sich an jene Tage von 1949 gern erinnerte, als wir beide im Weimarer Nationaltheater zur Goethe-Feier vor den Blauhemden aus Ost und West sprachen.
Auch andere Mitglieder des Politbüros schienen ihm wichtig zu sein. Das waren nun ausdrücklich nicht jene Genossen zu Berlin, die von Amts wegen irgend etwas mit kulturellen Problemen zu schaffen hatten. Was gleichzeitig besagt, daß Wehner im Gespräch mit mir die Sphären der Staatspolitik mit Einschluß der Geheimpolitik im Sinne hatte. Nicht die Kulturpolitik. Er schien aber bald zu merken, daß ich in

dieser Hinsicht wenig ergiebig sein konnte. Wir standen auf und kehrten zur Sitzung zurück.

Wer also war Herbert Wehner? Dies dürfte sein richtiger Name gewesen sein. In seinen langen Moskauer Jahren nach 1933 hat er vermutlich unter einem Decknamen gearbeitet. Wie aber ist der Moskauer Wehner vereinbar gewesen mit dem Wehner in Hannover, an der Seite des entschiedenen Antikommunisten Kurt Schumacher? Darüber ist immer wieder öffentlich und auch insgeheim gerätselt worden. Die offizielle Erklärung Wehners selbst ist durchaus glaubhaft. Man hatte ihn während des Krieges und infolge der durchaus wahnhaften Haltung Stalins gegenüber möglichen Dissidenten und Feinden plötzlich für verdächtig gehalten. Er bekam den Auftrag, mit falschen Papieren nach Schweden zu reisen und von dort aus als Geheimagent im Dritten Reich zu arbeiten. Er mißtraute jedoch dem Auftrag und mußte gewärtig sein, von Moskau aus an die Geheime Staatspolizei weitergereicht zu werden. So hat er sich offiziell losgesagt und Verbindung aufgenommen zur schwedischen Sozialdemokratie.
Mir ist während meiner Leipziger Professorenzeit der analoge Fall eines deutschen infamen Doppelspiels zwischen GPU und Gestapo bekannt geworden. Ein Leipziger Kollege, Professor Gerhard Harig, ein ausgezeichneter deutscher Physiker von der Technischen Hochschule Aachen und überzeugter Kommunist, war nach Leningrad emigriert. Dort aber bekam er während des Krieges den Auftrag, zur

illegalen Arbeit ins Nazireich zurückzukehren. Bei der Ankunft in Stettin wurde er von der Gestapo erwartet und nach Buchenwald gebracht. Er durfte überleben, wurde später Staatssekretär für das Hochschulwesen unter Walter Ulbricht.

Die Ähnlichkeit zwischen den Fällen Harig und Wehner scheint frappant zu sein. Doch es spricht, wenn ich die Zusammenhänge durchdenke, im Falle Herbert Wehner einiges gegen eine Analogie zum Schicksal Gerhard Harigs. Harig war ein weitgehend unpolitischer Physiker. Der Moskauer Wehner gehörte zum Apparat der kommunistischen Internationale. Vielleicht besaß er dadurch eine Vorkenntnis des Schicksals, das auch ihn erwarten würde, wenn er mit falschen Papieren über Schweden weiterreiste ins Dritte Reich.

Man wird versuchen müssen, die Frage nach dem »real existierenden« Herbert Wehner von seiner Rolle im politischen Leben der Bundesrepublik Deutschland her zu interpretieren. Daß Herbert Wehner damals bei unserem Gespräch in Berlin in Erich Honecker oder Hermann Axen nach wie vor so etwas wie Genossen und Gefährten sah, war für mich unverkennbar. Damit stand er durchaus im Gegensatz zu seinem westdeutschen Parteivorsitzenden Kurt Schumacher. In meinem Frankfurter Rundfunkgespräch mit Schumacher brauste der sonst freundliche und ruhige Interview-Partner plötzlich zornig auf, als ich den Namen Otto Grotewohl erwähnte. Der hatte gemeinsam mit dem Kommunisten Wilhelm Pieck die Sozialistische Einheitspartei gegründet. Ein schrecklicher Verräter. Natürlich wußte Wehner bei unserem Gespräch, daß es um 1949 bis etwa 1955 durchaus freundschaftliche Beziehungen gegeben hatte zwischen dem Leipziger Professor und Nationalpreisträger Hans Mayer und dem Ministerpräsidenten Otto Grotewohl. Allein, Wehner und Mayer haben damals den Namen Grotewohls, des im Grunde seit 1956 Entmachteten, nicht erwähnt.

In der Regierung Kiesinger / Brandt amtierte Herbert Wehner als Bundesminister für gesamtdeutsche Fragen. Vielleicht eine absurde Konstellation, jedenfalls nicht ganz ohne Komik. Die spätere Politik des Fraktionsvorsitzenden Wehner, der nicht noch einmal Minister werden wollte, war doch dahin zu verstehen, daß Wehner mit aller Entschiedenheit in seiner Politik das Nebeneinander der beiden deutschen Staaten beibehalten wollte. Erstaunlicherweise befand er sich mit dieser Position in Übereinstimmung sowohl mit dem schroffen Antikommunismus Schumachers wie auch mit den Grundmaximen der sowjetischen Deutschlandpolitik. Bei allen ihren Wandlungen nämlich von Stalin zu Chruschtschow, zu Breschnew, zu Andropow bis zu den Anfängen Michail Gorbatschows war im Prinzip an der Zweiteilung Deutschlands festgehalten worden. Es spricht manches dafür, daß die offene Gegnerschaft Wehners zum Bundeskanzler Willy Brandt erst in jenem Augenblick begann, als Brandt in Erfurt als Repräsentant eines wiedervereinigten Deutschlands denkbar und sichtbar wurde. Ausgerechnet bei einem Besuch in Moskau machte Wehner boshafte Bemerkungen über das Privatleben Brandts, wie es in der deutschen Regenbogenpresse dargestellt wurde. Man wird jedoch fragen dürfen, warum Wehner, nach Entdeckung des Spions Guillaume, Brandt nur den Ratschlag einer Demission anzubieten hatte. Der Bundeskanzler hatte nichts von der Spionage ahnen können. Nicht er war rechtzeitig unterrichtet worden, wohl aber Wehner.

Abermals: Wer war Herbert Wehner? Das ist ein Fall für künftige Historiker. Willy Brandt selbst scheint sich in manchen Äußerungen, gerade auch in seinen *Erinnerungen*, eine Erklärung zurechtgelegt zu haben. Leicht dürfte es nicht sein, eine schlüssige Antwort zu finden, um so weniger eigentlich, als die Geheimakten des Ostens weitgehend zugänglich wurden, die des Westens dagegen nicht.

Sehr merkwürdig übrigens ist das Urteil von Peter Weiss in seinem bedeutenden epischen Spätwerk von der *Ästhetik des Widerstands*, das sich auf schwedische Weltkriegserfahrungen des Emigranten in Stockholm stützen kann, über den damaligen Emigranten Herbert Wehner. Es ist erstaunlich kühl und offensichtlich insgeheim ablehnend. Was freilich auch mit den starken kommunistischen Sympathien von Weiss zu tun haben mag.

X. Bürger und Weltbürger

»Was wäre, wenn . . .« Solche Fragen werden immer wieder von uns gestellt, auch wenn wir wissen, daß man sie nicht beantworten kann. Antithese zwischen Wirklichkeit und Möglichkeit. Trotzdem sind wir stets von neuem bereit zum Gedankenspiel mit der Möglichkeit. Für den Schriftsteller ist es ohnehin ein notwendiger Bestandteil seiner eigenen Imagination. Der Nobelpreisträger Elias Canetti arbeitete mit großer Freude am Spiel solcher Möglichkeiten. Sie halfen ihm, die allzu vertraute Umwelt und Wirklichkeit neu zu sehen, unerwartet, unvertraut, unheimlich. Gleichsam entfremdet und verfremdet.

Was wäre, wenn Willy Brandt nach Entdeckung der Affäre Guillaume nicht zurückgetreten wäre? Er hatte seit den vorgezogenen Bundestagswahlen eine solide Mehrheit im Parlament. An die verfassungsrechtliche Möglichkeit, ihn als Bundeskanzler durch ein »konstruktives Mißtrauensvotum«, also den Sieg eines möglichen Gegenkandidaten zu stürzen, war nicht zu denken. Selbst in der konservativen Presse wurde nirgends behauptet, Brandt habe etwas gewußt oder auch nur geahnt vom Spion in seinem Vorzimmer. Warum also gab der erfahrene Parlamentarier Herbert Wehner den Rat zur Demission? Es ist nach wie vor schwer, diesen politischen Ratschlag Wehners für richtig zu halten. Daß Brandt ihn annahm, ist eine andere Sache. Manch menschliche Enttäuschung mag dabei im Spiel gewesen sein.

Vielleicht jedoch kam noch ein anderes hinzu. Wäre es denkbar, daß der Bundeskanzler selbst den Eindruck hatte, die für ihn reizvolle Aufgabe eines deutschen Kanzlers seit dem Amtsantritt im wesentlichen erfüllt zu haben? Dieser noch junge und von seinen Vorgängern im Bundeskanzleramt so grundverschiedene Regierungschef hatte es verstanden, außerhalb von Deutschland ein neues und weitaus erfreulicheres Deutschlandbild ins Bewußtsein zu bringen. Die von Konrad Adenauer so erfolgreich betriebene Verständigung der Bundesrepublik mit ihren westlichen Nachbarn konnte durch Brandt, deutlich geworden am Kniefall im Warschauer Ghetto, hin zu einem möglichen demokratischen Zusammenleben mit den osteuropäischen Staaten, auch mit der Sowjetunion, erweitert werden.

Allein, Willy Brandt war das Gegenteil eines Amtsverwalters. Er kannte seine Akten genau, denn er war gewissenhaft: ließ sich nicht, wie später im selben Kanzleramt üblich, einfach die noch ungelesenen Akten durch den zuständigen Referenten vortragen. Andererseits war es Brandts Stärke offenbar nicht, im Gegensatz zu Helmut Schmidt, die Akten noch genauer und kritischer zu lesen als die verantwortlichen Referenten. Brandt war, wenn man diese verschwommene Wendung benutzen darf, ein »sehr deutscher« Politiker. Geprägt jedoch seit vielen Jahren durch das Leben in Norwegen und mit den Nordeuropäern. Deutscher Bürger und Weltbürger in einem.

Nun aber waren die Jahre seines Regierungsbeginns

beeinflußt vom Aufbegehren einer jungen, neuen europäischen Generation gegen die einstigen deutschen Kriegstreiber und ihre willfährigen Mitläufer. Immer wieder der Rückblick nach dem Prinzip »Unter den Talaren Muff von tausend Jahren«. Eine solche Konstellation des politischen Lebens erzwang jedoch für die siebziger Jahre und für Deutschland einen absoluten Primat der Innenpolitik. Was erhebliche Spannungen nicht allein mit der Parteienstruktur der damaligen Bundesrepublik bedeutete, sondern gerade auch mit ihrer föderalistischen Struktur: eben der einer Bundesrepublik.

Es wäre denkbar, daß Willy Brandt, der deutsche Bürger und Weltbürger, insgeheim nicht bereit war, mit ganzer Seele hier mitzuwirken. Persönliche Enttäuschungen halfen mit. Der Bundeskanzler reagierte mit offenem Unmut auf die Entscheidung seines Außenministers und Vizekanzlers Walter Scheel von den Freien Demokraten, im Jahre 1974, nach Ablauf der Amtszeit des Bundespräsidenten Gustav Heinemann, sich als Bundespräsident wählen zu lassen. Gestützt auf die inzwischen durch Brandt erreichte solide Mehrheit in der Bundesversammlung.

Die Enttäuschung des scheidenden Bundeskanzlers über jene Bonner und »gesamtdeutschen« Intrigen beendete die produktive Epoche des innerdeutschen Politikers Willy Brandt. Nach seinem Wirken im Sinne einer neuen Ostpolitik entwickelte Brandt nunmehr aus seiner gleichsam globalen Sicht das Konzept einer Nord-Süd-Politik. In dieser Epoche seiner Arbeit faszinieren Brandt, stärker als in seiner Berliner Zeit und in der Kanzlerschaft, von neuem seine theoretisch-sozialistischen Einsichten und Lehren aus der Jugendzeit einer Sozialistischen Arbeiterpartei Deutschlands. Jetzt freilich, um das zuständige Schlagwort sozialistischer Weltpolitik zu verwenden: im Weltmaßstabe.

Es gehört zu der geistigen Rückwendung Brandts zu seinen frühen gleichzeitig marxistischen wie antistalinistischen Erfahrungen, wenn es, angeregt wohl vor allem durch ihn selbst, zu einer Art von Triumvirat kommt innerhalb der nunmehr von Brandt geleiteten sozialistischen und sozialdemokratischen Internationale. Willy Brandt und Bruno Kreisky und Olof Palme. Keiner von ihnen entsprach dem Phänotyp des sozialdemokratischen Politikers von der Art eines Friedrich Ebert, eines Otto Wels oder Erich Ollenhauer. Der Jude Bruno Kreisky kam aus der Schule des Austromarxismus von Friedrich Adler und Otto Bauer. Er zögerte nicht, im Bemühen eines Vermittlers zwischen Israelis und Palästinensern, den Zorn der israelischen Arbeiterpartei auf sich zu ziehen. Auch Olof Palme in Stockholm, der wesentlich die Sozialkonzepte Skandinaviens prägen sollte, war ein spekulativer Geist, der mit vielen Feinden zu rechnen hatte.

XI. Der geschichtliche Augenblick

Wie wäre sie geschichtlich zu situieren, die Lebens-
konstellation eines Willy Brandt innerhalb seines
(noch bürgerlichen) Jahrhunderts? Die Antwort
scheint leicht zu sein; denkt man genauer nach, so
bleibt sie fast unlösbar. Natürlich ist Brandt in allen
Phasen seines Lebens ein demokratischer Sozialist
gewesen und geblieben, im Gegensatz zu so vielen
bedeutenden Menschen, die sich vom Leninismus
und erst recht vom Stalinismus abwandten. Die Le-
bensgeschichte Willy Brandts weist keinerlei Ähnlichkeit auf mit derjenigen von Arthur Koestler, von
Manès Sperber und seinem Freund André Malraux,
von George Orwell oder Stephen Spender.
Bereits der junge Willy Brandt im heimatlichen Lübeck, ungebärdiger Jungsozialist und Dissident einer
Sozialistischen Arbeiterpartei, bekannte sich zu
Rosa Luxemburg. Sie hatte sich, in der kurzen ihr
verbleibenden Lebenszeit zwischen der Oktoberre-
volution von 1917 und ihrer Ermordung am 15. Ja-
nuar 1919, mit aller Schärfe gegen die in ihren Augen
unmarxistische Zumutung gewandt, in einem bür-
gerlich rückständigen Lande wie Rußland mit agra-
rischer und feudalistischer Grundstruktur ohne ein
kräftiges Proletariat eine proletarische Revolution
zu absolvieren. Auch Karl Marx hatte das zaristische
Rußland, in dem es der Marxismus schwer hatte gegenüber den von Marx bekämpften anarchistischen
Radikalismen, erst auf dem Wege zu einer langsam

sich entfaltenden bürgerlichen Gesellschaft gesehen. Seit 1917 aber gab es in Moskau und St. Petersburg, dem späteren Leningrad, ein Rätesystem: von der Basis aufsteigend zu einem Obersten Sowjet. Rosa Luxemburg hatte widersprochen. Für sie war Sozialismus undenkbar ohne die garantierte »Freiheit der Gegensätze«. Die um 1930 entstehende, bis 1933 wirkende SAPD hatte es mit Rosa Luxemburg gehalten: trotz einer ausdrücklich bekundeten Sympathie für den toten Lenin.

Man könnte unschwer diese Elemente eines demokratischen Sozialismus als Leitmotiv in Brandts Leben diagnostizieren. Sie führten ihn, wie in seinen *Erinnerungen* ausführlich berichtet wird, in die Nähe ehemaliger Kommunisten wie Paul Fröhlich, Jakob Walcher und Rosi Wolfstein. Sie führten ihn auch, nach 1933, in die politische Illegalität in Deutschland. Aus den geheimen Kurierdiensten entsprang die Notwendigkeit der eigenen Emigration. Daß sie Willy Brandt nach Skandinavien verschlug, war insgeheim folgerichtig. Hier herrschte, nicht allein in der Struktur sozialistischer Parteien, sondern auch zwischen sozialistischen Intellektuellen und der jeweiligen Arbeiterschaft, ein vertraulicher Umgang. In der Weimarer Republik bei Anbruch eines Dritten Reiches hatte sich die deutsche Sozialdemokratie zuletzt nur noch auf die Gewerkschaften, also die noch arbeitende Bevölkerung, stützen wollen. Der Gewerkschaftstheoretiker Fritz Tarnow hatte seiner Partei die Aufgabe zuerkannt, als »Arzt am Krankenbett des Kapitalismus« zu wirken.

Die Stalinisten der Kommunistischen Partei Deutschlands (KPD) hatten sich von der Gewerkschaftsbewegung abgespalten. In Berlin demonstrierte man zeitweilig zusammen mit den Braunen. Es gab das groteske Schauspiel einer gemeinsamen »Diskussion« zwischen Joseph Goebbels und Walter Ulbricht im überfüllten Sportpalast. Eine der Folgen dieser sektiererischen Politik, gegen die sich der junge Willy Brandt leidenschaftlich gewehrt hatte, war natürlich, daß plötzlich am 1. Mai 1933 viele dieser angeblich so revolutionären Gewerkschaftler die einstmals rote Armbinde mit der Hakenkreuzbinde vertauschten.

Diese beiden Momente einer sowohl theoretischen wie praktisch-politischen Besonderheit sind Kennzeichen geblieben in allen späteren Lebensphasen des demokratischen Sozialisten Willy Brandt. Einmal eine selbsterarbeitete sozialistische theoretische Bildung; zum anderen die bewußte Abgrenzung sowohl von einer Arbeiterbewegung, die sich als das bessere Bürgertum aufspielen möchte, als auch von der Entartung der großartigen sozialistischen Emanzipationsbewegung in Rußland noch in den zwanziger Jahren, noch bis zum VI. Weltkonkreß der Kommunistischen Internationale im Jahre 1928. Seit 1928 jedoch arbeitete Stalin an einer künftigen Diktatur aus Geheimpolizei und Militarismus. Er strebt nach der Vergöttlichung. Er hat immer recht, denn er ist der »Vater der Völker«. Nichts kennzeichnet die Entartung im Denken und Fühlen des Stalinismus schlim-

•

mer als die berüchtigte Schlagzeile aus einem Kampf-
lied der Deutschen Demokratischen Republik.

> Die Partei, die Partei hat immer recht,
> und, Genossen, wir bleiben dabei . . .

Ein Gedicht aus der Feder des liebenswerten Louis
Fürnberg aus Böhmen, eines Juden, der ein begabter
Dichter war und ein demokratischer Sozialist, der
immer wieder versuchte, wider seine bessere Über-
zeugung, aus sich einen orthodoxen Stalinisten zu
machen. Ohne Erfolg.

Auch bei Willy Brandt war die Mittlerstelle zwischen einer verbürgerlichten Arbeiterpolitik und einer menschenfeindlich gewordenen kommunistischen Parteidiktatur schwer erkauft. Er blieb beides:
Dissident und demokratischer Sozialist. Wenn man
daher fragt nach der geschichtlichen Konstellation
dieses deutschen Politikers, so reicht der Hinweis
auf Rosa Luxemburg und das Konzept eines demokratischen Sozialismus nicht aus. Die Antwort wird
erschwert durch den offensichtlichen Gegensatz
zwischen sozialistischer theoretischer Überlieferung
und ebenso offenkundigem Pragmatismus einer
notwendigen Tagespolitik in der Bundesrepublik
Deutschland. Sowohl vor 1989 wie auch seitdem.
Die Unlösbarkeit dieser Frage hat überdauert. Vielleicht hat sogar das Ende des Bundeskanzlers Willy
Brandt dabei mitgeholfen, klare geschichtliche Er-
kenntnisse zu verhindern.

Es scheint, von heute her betrachtet, fast unverkennbar, daß Willy Brandts Sturz verursacht wurde durch seinen großen Erfolg in Erfurt, beim Besuch in der DDR. Plötzlich waren alle Feinde einer sogenannten »Wiedervereinigung« auf den Plan gerufen worden. Willy Brandt, man denke, als möglicher Bundeskanzler nach vollzogener deutscher Einigung. Ein demokratischer Sozialist mit den Vollmachten Konrad Adenauers! Das war als Perspektive undenkbar sowohl für die Anhänger einer totalen freien Marktwirtschaft wie für die Moskauer Generalität in ihrem kalten Krieg mit Washington. Zu schweigen von den Interessen und Befürchtungen in Ostberlin.

Es gibt einen Zeitzeugen, einen sowjetischen Marxisten und demokratischen Sozialisten, der zu den vertrauten Beratern und Freunden Willy Brandts gehört hat. Den sowjetischen Botschafter Viktor Falin. Es ist kein Zufall, daß Falin, der durchaus noch das Vertrauen eines Leonid Breschnew besaß, zum wichtigsten Vermittler einer deutsch-sowjetischen Verständigung werden konnte. Der Bundeskanzler Willy Brandt bedeutete in diesem Falle eine besonders glückliche Konstellation. Das Vertrauen zwischen Brandt und Falin dürfte groß gewesen sein. Was sich auch darin äußerte, daß der wichtigste nahe Mitarbeiter des Bundeskanzlers, also Egon Bahr, seinerseits ein gutes Verhältnis zu Falin herstellen konnte. Sie haben beide, Bahr wie Falin, ihre Eindrücke vom damaligen Geschehen reflektiert und formuliert. Man wird daraus folgern müssen, daß die angeblich so entscheidende Bedeutung Michail Gorbatschows im Jahre 1989 zu relativieren ist. Der geschichtliche Augenblick jener Herbsttage von 1989 erleichterte ein Geschehen, das von den nunmehrigen Akteuren, also Kohl und Gorbatschow, nicht im mindesten wirklich vorbereitet oder auch nur geplant worden war. Es führt, wäre im Gegenteil zu behaupten, ein unmittelbarer Weg von Willy Brandts einstiger Aktivität in Warschau und Erfurt zur deutschen Wiedervereinigung. Doch natürlich auch zum Zusammenbruch der Sowjetdiktatur.

Womit abermals freilich die Frage nach den Spannungen zwischen Brandt und Wehner gestellt werden muß. Daß keinerlei Anlaß für Willy Brandt bestand zur Demission in Sachen Guillaume. Daß umgekehrt untersucht werden sollte, ob der Bundeskanzler Brandt nicht in unzulässiger Weise zu spät unterrichtet wurde, ist heute wohl unbestritten. Gerade auch Helmut Schmidt hat damals ebenso wie Egon Bahr entschieden gegen den Rücktritt des Bundeskanzlers votiert. Schmidt sprach stets mit hoher Achtung von seinem Amtsvorgänger. Wenn sich Brandt damals folglich, wohl in tiefer Erbitterung, an den Ratschlag Herbert Wehners hielt, der den Rücktritt gefordert hatte, so war das vermutlich kaum ein Akt des Vertrauens, eher der tiefen Entfremdung.

Was unmittelbar nach Kriegsende begonnen hatte als sozialdemokratischer Dualismus zwischen Schumacher und Wehner in Hannover, zwischen Ernst Reuter, dem einstigen Kommunisten, und Willy Brandt in Berlin, hatte auf höchster Ebene eine Fortsetzung gefunden. Für Wehner war es nach wie vor entscheidend, daß der Dualismus der beiden deutschen Staaten aufrechterhalten wurde. Daran hatte auch die Episode Wehners als gesamtdeutscher Bundesminister nichts geändert. Für Willy Brandt bestand keinerlei Anlaß, an dieser Nachkriegsteilung Deutschlands festzuhalten. Gerade als Vorsitzender der Sozialistischen Internationale hat Willy Brandt in seinen Beziehungen zur Sowjetunion und zu Gorbatschow stets das Ziel verfolgt, durch Herstellung höflicher und rechtlicher Beziehungen zum sowjetischen Machtbereich das Zusammenwachsen Deutschlands nicht allein denkbar, sondern möglich zu machen.

Das 20. Jahrhundert hat immer wieder gewütet gegen die wahrhaft bedeutenden politischen Querdenker und Außenseiter. Endlos ist die Reihe der unersetzbaren Mordopfer. Jean Jaurès, Rosa Luxemburg und Karl Liebknecht. »Schlagt tot den Walther Rathenau, die gottverfluchte Judensau!« Matthias Erzberger. Der Mahatma Gandhi und Martin Luther King. Dag Hammarskjöld und John F. Kennedy, Itzhak Rabin und Olof Palme. Stets folgte der Beseitigung des Außenseiters, dem die Ereignisse schließlich Recht geben sollten, eine konservative, klerikale, militaristische oder faschistische Polizeidiktatur. Die wurde dann ihrerseits abgelöst im besten Falle durch den formalen Rechtszustand einer bürgerlichen Demokratie, die aber wiederum im Verlaufe des Jahrhunderts ihrem Aufklärungscharakter immer mehr entfremdet wurde.

Willy Brandts Name bedeutet den absoluten Gegensatz zu allem Verzicht auf historische Kontinuität; zur Mißachtung sozialer Verantwortung; auch zur Banalisierung der Menschenrechte.

Vom Prinzen Hamlet sagt am Schluß der siegreiche und überlebende Fortinbras, daß Hamlet, wäre er auf den Thron gelangt, unfehlbar sich als großer Herrscher bewährt hätte. Doch Hamlet gelangte nicht auf den Thron. Auch Willy Brandt, das sollte in diesen Erinnerungen gezeigt werden, wurde durch die Umstände daran gehindert, sich nach Kräften zu entfalten. Wir haben trotzdem allen Anlaß, ihm sehr dankbar zu sein.

Von Hans Mayer erschienen
im Suhrkamp Verlag

Außenseiter. 1975 (auch: *st 736*. 1981)

Nach Jahr und Tag. Reden 1945-1977. 1978

Thomas Mann. 1980 (auch: *st 1047*. 1984)

Ein Deutscher auf Widerruf. Erinnerungen I. 1982 (auch: *st 1500*. 1988)

Ein Deutscher auf Widerruf. Erinnerungen II. 1984 (auch: *st 1501*. 1988)

Aufklärung heute. Reden und Vorträge 1978-1984. 1985

Das unglückliche Bewußtsein. Zur deutschen Literaturgeschichte von Lessing bis Heine. 1986 (auch: *st 1634*. 1989)

Augenblicke. Ein Lesebuch. Herausgegeben von Wolfgang Hofer und Hans Dieter Zimmermann. 1987

Stadtansichten. Berlin. Köln. Leipzig. München. Zürich. 1989

Reden über Ernst Bloch. 1989

Weltliteratur. Studien und Versuche. 1989

Abend der Vernunft. Reden und Vorträge 1985-1990. 1990

Der Turm von Babel. Erinnerungen an eine Deutsche Demokratische Republik. 1991 (auch: *st 2174*. 1993)

Wendezeiten. Über Deutsche und Deutschland. 1993 (auch: *st 2421*. 1995)

Der Widerruf. Über Deutsche und Juden. 1994

Das Wiedersehen mit China. Erfahrungen 1954-1994. 1995

Erinnerung an Brecht. 1996

Brecht. 1996

Reisen nach Jerusalem. Erfahrungen 1968 bis 1995. 1997 (auch: *st 2903*. 1998)

Zeitgenossen. Erinnerungen und Deutungen. 1998 (auch: *st 3015*. 1999)

Richard Wagner. Herausgegeben von Wolfgang Hofer. 1998

Gelebte Musik. Erinnerungen. 1999

Goethe. Herausgegeben von Inge Jens. 1999

Bürgerliche Endzeit. Reden und Vorträge 1980-2000. 2000

In der Bibliothek Suhrkamp:

Goethe. Ein Versuch über den Erfolg. 1973. *BS 367*
Doktor Faust und Don Juan. 1979. *BS 599*
Ein Denkmal für Johannes Brahms. Versuche über Musik und
  Literatur. 1983. *BS 812*
Versuche über Schiller. 1987. *BS 945*
Ansichten von Deutschland. Bürgerliches Heldentum. 1988.
  BS 984
Frisch und Dürrenmatt. 1992. *BS 1098*
Reden über Deutschland (1945-1993). 1996. *BS 1216*
Der Weg Heinrich Heines. Versuche. 1998. *BS 1283*

In der edition suhrkamp:

Anmerkungen zu Brecht. 1965. *es 143*
Anmerkungen zu Richard Wagner. 1966. *es 189*
Das Geschehen und das Schweigen. Aspekte der Literatur. 1969.
  es 342
Der Repräsentant und der Märtyrer. 1971. *es 463*
Versuche über die Oper. 1981. *es 1050*
Gelebte Literatur. Frankfurter Vorlesungen zur Poetik. 1987.
  es 1427
Deutsche Geschichte und Deutsche Aufklärung. Gedanken auf
  der Wartburg. 1999. Sonderdruck *es*

In den suhrkamp taschenbüchern:

Georg Büchner und seine Zeit. 1972. *st 58*
Richard Wagner in Bayreuth. 1876-1976. 1978. *st 480*
Die umerzogene Literatur. Deutsche Schriftsteller und Bücher
  1945-1967. 1991. *st 1923*
Die unerwünschte Literatur. Deutsche Schriftsteller und Bücher
  1968-1985. 1992. *st 1958*

Über Hans Mayer:

Über Hans Mayer, Herausgegeben von Inge Jens. 1977. *es 887*
Hans Mayer zu Ehren. 1977
Materialien zu Hans Mayer »Außenseiter«. Herausgegeben von
    Gert Ueding. 1978. *st 448*